The Anchor of Enterprise

企业的定力

定战略 谋经营 强管理

张应春◎著

中国经济出版社
CHINA ECONOMIC PUBLISHING HOUSE

北 京

图书在版编目（CIP）数据

企业的定力：定战略　谋经营　强管理 / 张应春著.
北京：中国经济出版社，2024.11. -- ISBN 978-7
-5136-7934-3

Ⅰ.F273

中国国家版本馆 CIP 数据核字第 2024RX0874 号

责任编辑　严　莉
责任印制　马小宾
封面设计　久品轩

出版发行	中国经济出版社
印 刷 者	北京艾普海德印刷有限公司
经 销 者	各地新华书店
开　　本	710mm×1000mm　1/16
印　　张	15.75
字　　数	199 千字
版　　次	2024 年 11 月第 1 版
印　　次	2024 年 11 月第 1 次
定　　价	65.00 元

广告经营许可证　京西工商广字第 8179 号

中国经济出版社 网址 http://epc.sinopec.com/epc/ 社址 北京市东城区安定门外大街 58 号 邮编 100011
本版图书如存在印装质量问题，请与本社销售中心联系调换（联系电话：010-57512564）

版权所有　盗版必究（举报电话：010-57512600）
国家版权局反盗版举报中心（举报电话：12390）　服务热线：010-57512564

PREFACE 自 序

练内功，破内卷

如今各行各业都存在内卷现象，内卷其实是行业发展到一定阶段竞争充分的体现，也是未来企业经营的常态。如何破内卷？答案是：练内功。之前我们说要练内功，更多针对的是企业的内部管理；时至今日，还需要在企业的发展战略和经营策略上下功夫，包括企业老板的自我修炼、高绩效团队的打造、品牌的塑造以及营销渠道的建设等。

在中国，大多数制造型企业是从初期的来料加工（OEM）做起，主要是对产品进行成型加工和组装，依靠的是廉价的劳动力，土地和环保成本都不高。那时中国制造业处于粗放式发展阶段，企业不需要重点关注战略、经营以及营销渠道的建设，只需要对外服务好客户、对内进行大规模生产。但是，经过几十年的高速发展，中国制造传统的成本优势和效能基本消失。

现在，各行各业都已进入精细化发展阶段，企业再依靠传统的经营方式往往举步维艰甚至面临淘汰，此时需要转变观念，结合企业自身特

企业的定力：定战略　谋经营　强管理

点制定发展战略，把握经营方向，建立产品品牌，打造营销渠道……这些都需要我们去重视，去关注，去践行；需要我们站在未来看现在，站在高维看低维，站在内在看外在。在战略上，要谋定企业发展方向；在经营上，要保障企业盈利能力；在管理上，要持续创造价值。

以上是本书的核心内容，具体分导读篇、战略篇、经营篇和管理篇进行详细阐述。在战略篇，针对制造型企业资产重、人员多、投资回报周期长等特点，从制造型企业五年规划、年度经营计划的角度阐述了战略制定的重要性和战略制定的关键步骤。在经营篇和管理篇，详细阐述了企业经营和企业管理的八大陷阱和八大要点，每一个陷阱的背后都有故事，每一个要点的背后都有案例，企业老板和高管可以一一对照、提前预防。需要特别强调的是，书中分享的案例基本是我在十多年带领团队从事咨询工作的过程中见证和经历过的，各种要点解析是很多企业老板和高管从实实在在的深刻教训中总结出来的，希望能够很好地指导大家的经营管理实践，哪怕有一条内容受用，能够给企业带来价值，帮助大家提前避坑，我都会非常开心和欣慰，这也是这本书的内容价值所在。

从实践中来，到实践中去。《企业的定力》是我倾心而著的第三本书，第一本书《管理是蓝海》重点讲述工厂精细化管理，第二本书《组织才能管好人》重点讲述企业的组织管理，本书重点讲述企业的战略、经营和管理的底层逻辑。这三本书是我从事工厂管理咨询工作10多年来，带领整个咨询师团队以长期驻厂的方式深入解决工厂的各种实际问题，在几百家制造型企业落地咨询的实战中提炼出来的智慧结晶；见证了朗欧管理思想体系建立和发展的"三步曲"；也是我个人十多年来用脚步丈量，经过企业实践检验的经营管理理念、方法和工具的总结。本书从构思到出版前后花了近三年的时间，其中我不断与众多企业家和管理精英们在实践中总结，在问题中解析，在结果中复盘——完全从实践中来，到实践中去，希望本书能帮助更多的人在经营企业的过程中少走弯路。本书不能说专业上最权威、结构上最系统，甚至一些观点还有很大的讨论空间，但一定是我的诚意之作，是众多企业家和企业管理者实战智慧的集合。

在本书写作和出版的过程中，我要特别感谢朗欧咨询的每一个客户企业，是你们让我的管理思想有了实践的道场，在咨询服务的过程中让朗欧咨询团队不断地进步，让我个人对管理的研究不断精进和升华；感谢各位企业家和管理者朋友，书中许多管理思想、方法和工具源于大家跟我平时无私的分享和真诚的交流，是你们给了我管理思想不断升华的源头活水，是你们让书中的管理思想、方法和工具得以实证并落地执行；感谢著名财经作家吴晓波先生在朗欧咨询发展道路上给予的帮助和赋能并倾情推荐；感谢复旦大学管理学院院长、上海长三角商业创新研究院院长陆雄文先生对书中观点的认可并倾情推荐；感谢中国经济出版社执行董事、党委书记，《国资报告》杂志社社长毛增余博士在我个人成长道路上给予的指导和支持，在此书形成的过程中给予的帮助并倾情推荐；感谢中国经济出版社严莉女士在此书编辑和出版过程中的倾心付出；感谢朗欧咨询官方微信公众号、微信视频号、《张应春谈管理》栏目今日头条号、抖音号、喜马拉雅等各大网络平台的近80万订阅者和关注者，您的关注就是我们不断做好内容的动力，每一次网上的互动都是我们精进的资粮；感谢朗欧咨询团队的每一位成员，是你们将书中的管理思想、方法和工具付诸工厂实践，是你们每一天的努力工作、踏实敬业、共同奋斗成就了朗欧咨询今天的品牌和口碑……

> **企业的定力：** 定战略　谋经营　强管理

心安而不自满，知足而不懈怠。在人生道路上，没有无缘无故的相遇，把走进我们生命当中的每一个人当作最亲密的人去倾情而待，把出现在我们生命当中的每一件事当作最神圣的事去倾心而做。让我们以书结缘，以心相交，结缘续缘，携手共进。正如我为全体企业人作词、演唱的歌曲《相伴的力量》的歌词写的一样：一路走来，一路相伴，穿越迷茫，奔向远方，我们托起初心和梦想，温暖着你我的心房；一路走来，一路相伴，让爱走进每个家园，我们带着信仰的力量，乘风破浪，扬帆起航……

张应春

2024 年 10 月 23 日于广州国际金融城

CONTENTS 目 录

导读篇　企业运营的蓝图

第一章　企业运营的三个关键要素　/3
站在未来看现在——需要做什么　/4
站在高维看低维——因果是什么　/5
站在内在看外在——内功练什么　/7

第二章　企业战略、经营和管理的区别　/9
工作目标方面的区别　/10
针对问题方面的区别　/10
主要目的方面的区别　/10
资源运用方面的区别　/11
工作收益方面的区别　/12
主体相关性方面的区别　/12

战略篇　战略谋定发展方向

第三章　企业战略制定的目的和意义 /17

第四章　企业战略制定的"六定"法则 /19
定方向 /20
定价值 /20
定优势 /21
定关键 /21
定对象 /22
定原则 /23

第五章　企业战略制定的六个思考 /24
战略目标是什么 /24
达成路径是什么 /24
战略资源是什么 /25
行为准则是什么 /25
活力机制是什么 /25
承受能力有多强 /26

第六章　企业战略制定的步骤和认知 /27
企业战略制定"十步曲" /27
企业战略制定的三个认知 /44

第七章　百年企业打造战略 /46
将企业传承和财富继承分开 /47
拥有全球化运营的思维 /47
打造好企业内部的精细化管理 /48
建立现代化的职业经理人制度 /49
要有经营一家百年企业的信念 /50

第八章　中国制造出海战略　/51

中国制造出海的机遇　/51

中国制造出海的五项准备　/59

中国制造出海的六个原则　/62

第九章　卓越企业文化建设战略　/66

什么是企业文化　/66

企业文化建设的五大目的　/67

企业文化建设的六个方面　/69

企业文化建设的三大要点　/74

经营篇　经营保障盈利能力

第十章　企业经营的定义和目标　/79

第十一章　企业经营的八大陷阱　/83

商业模式的陷阱　/84

转型升级的陷阱　/85

规模化快速增长的陷阱　/88

多元化经营的陷阱　/91

工厂数字化的陷阱　/93

资产/资本增值的陷阱　/100

操盘手迷失的陷阱　/100

政商关系的陷阱　/105

第十二章　企业经营的二十四字要诀　/108

洞察需求　/108

找到痛点　/109

价值识别　/110

组织产品　/111

放大痛感 /111
交换价值 /113

第十三章　企业经营的八大要点　/114
民营企业要坚守三条红线 /114
设计好经营企业的四道防火墙 /117
管理与治理并重 /120
设计好产品结构的金字塔 /123
平衡好企业的经营风险 /126
关注投资回报率和投资回报周期 /129
打造好企业的护城河 /131
人才的适用比高能重要 /135

第十四章　企业经营的三个坚持　/137
开展组织结构变革 /137
开展精细化管理变革 /139
开展人才测评 /140

第十五章　自我管理的三重境界　/141
时间管理 /141
心力管理 /144
能量管理 /145

管理篇　管理持续创造价值

第十六章　企业管理的目标和阶段　/149
企业管理的目标 /149
企业管理的五个阶段 /151

第十七章　企业管理要解决的五大问题　/154
糊涂账的问题 /154

不想干的问题 /156
干不好的问题 /157
持续干的问题 /159
创新干的问题 /159

第十八章 企业管理的八大陷阱 /161
亲情关系的陷阱 /162
老板亲力亲为的陷阱 /167
制度化管理的陷阱 /169
利益分配的陷阱 /170
道德文化的陷阱 /172
意见统一的陷阱 /173
依赖个人经验的陷阱 /175
管理者身份的陷阱 /177

第十九章 企业管理的八大要点 /178
管理体系是一系列有效动作的组合 /178
管理中权责利的本质 /180
用数据和事实呈现业绩和问题 /183
打造组织信用，提升信用额度 /185
识人选人比用人育人更重要 /186
动力比能力更重要，活力比业绩更重要 /188
有效管理动作的六个要素 /189
管理的重点是现场"带教"而不是"交代" /190

第二十章 管理机制保证组织活力 /192
企业管理的两个方向 /193
管理机制的三大要素 /194
管理机制设计的四大要点 /195

第二十一章 生产管理和供应链管理 /197
生产管理的六项基本原则 /197

供应链管理的四大目标 /201

供应链管理的关键指标 /204

供应链管理的三道防线 /205

供应链管理的六项基本原则 /208

第二十二章 岗位职能职责的确定 /216

为什么都希望明确岗位职能职责 /216

确定岗位职能职责的三个前提条件 /218

第二十三章 从"面子文化"到责任文化 /222

拿公司或他人的利益给自己做面子 /223

个人的权责利不够明确 /223

粗放式管理现状 /224

第二十四章 避免"孤岛式"流程的要诀 /225

为什么出现这么多"孤岛式"的流程 /226

传统的金字塔式的管理结构 /227

岗位职能的叠加问题 /231

流程制度的制定问题 /234

导读篇
企业运营的蓝图

第一章
企业运营的三个关键要素

每个人的人生，往往都是在回顾着过去，忙碌着现在，展望着未来。在现实生活中，我们总是怀念着过去，不满于现状，惧怕着未来。《金刚经》有云："过去心不可得，现在心不可得，未来心不可得。"这告诫我们，心的状态是不断变化的，而且世事无常。只有活在当下，过好现在，体验过程，才能获得美满的人生。因为无论曾经是辉煌还是挫折，都已经成为过去，而未来不可预测，充满不确定性。只有把当下每一件事做好，用一期一会的心对待出现在我们生命里的每一个人，才会坦然，才会心安。

运营一家企业，有很多需要满足的要素，比如品牌、技术、产品、营销、渠道……对企业带头人和核心团队的要求会非常高。如何才能运营好一家企业呢？通过带领朗欧咨询团队，十几年来深入几百家制造型企业进行驻厂咨询服务，我总结发现，从思维角度来看，企业运营必须把握三个关键要素：站在未来看现在，站在高维看低维，站在内在看外在。

企业的定力：定战略　谋经营　强管理

站在未来看现在——需要做什么

未来是愿景，需要对企业的未来做一个前景的规划；未来是目标，需要给企业设定一个可达的预期；未来是方向，需要为企业树立一个前行的灯塔。围绕愿景、目标和方向，明确企业现在需要做什么，这是企业运营的核心。

例如，企业计划5年内上市，当下就需要围绕上市这个目标做工作：在哪个交易所上市，财务规范怎么做，公司治理结构如何调整，投资机构怎么甄选，固定资产如何并表，相关的辅导机构何时进场，等等。

又如，企业计划用5年时间将年产值从3亿元做到10亿元，当下就需要围绕年产值这个目标做工作：包括核心技术的研发、产品体系和供应链体系的完善、内部管理的升级、营销渠道的拓展、核心团队的培养以及企业数字化的开展，等等。

再如，企业计划5年内成为一家全球化的企业，当下就需要进行全球化合规体系的建设，针对不同国家和地域进行市场调研，优化调整产品结构，找准营销渠道，进行全球化人才的储备，开展全球供应链体系的构建，等等。

上述是企业的规划，对于我们个人而言亦是如此。比如，你希望未来5年成为一个什么样的人，你就需要明确自己的职业规划、学习计划、技能提升目标，然后朝着目标一步一步地努力；又如，你希望你的子女未来接受什么样的教育，你就需要对孩子进行特长的挖掘、能力的测评、天赋的发现，以及从现在开始围绕这个方向为他选择学校、教育体系和培训项目。

无论是运营企业还是规划个人职业生涯或家庭生活，都需要我们站在未来看现在。尽管世界在不停地变化，企业和个人面对的各种境遇也不尽相同，但我们仍然需要用未来的眼光来看待当下的决策和行为，走好当下每一步，所谓积跬步以至千里。如此，我们才能在风云变幻、条件复杂的市场竞争中适应变革并不断发展。

站在高维看低维——因果是什么

企业在运营过程中，每天都要面临各种各样具象化的矛盾和问题，甚至在一定阶段会陷入困境。在这个过程中，许多老板或高管会以二元思维来看待问题：不是甲方就是乙方，不是对就是错，不是真就是假，不是高就是低……其实，如果能从第三方的角度、从旁观者的角度，抑或从对方的角度来看一看，或许就会有不一样的问题解决思路和方法。一言以蔽之，需要从更高的维度去看问题。只有站在高维看低维，才能看清楚问题背后的因果。如何做到这点？因上用力，果上随缘。因上用力是状态，果上随缘是心态。状态要保证，心态要安定。

到底什么是因，什么是果？以下从三个层面来谈谈对因果的认知。

第一个层面：原因结果

事物本身表现出来的原因和结果，在逻辑上有着严密的因果关系，相当于常说的"种瓜得瓜，种豆得豆"。例如，在制造型企业，成本的问题是由各种浪费造成的，品质的问题是由各种工艺操作不合规造成的，效率的问题是由员工的积极性不足造成的，等等。当然，产品的设计、材料的好坏、设备的先进性程度、产线的自动化程度等会更深度地影响成本、品质和效率问题,每一个问题的背后都有着具体的原因。

第二个层面:规律

社会发展是有章可循的,发达国家的许多历程,发展中国家大概率也会经历。企业发展、行业发展、产业发展皆有其规律,如果企业没有把握住这些规律,往往就会成为企业发展过程中陷入困境的"因"。企业如果在运营的过程中没有遵循这些规律,自然就会遭遇问题和挫折的"果"。例如,随着技术的发展,手机行业已经进入智能机时代,如果企业还在做传统按键手机,或者在当下的数码相机时代还在生产胶卷,又或者在这个数字化时代还在用传统的纸质表单统计数据……那么,企业的经营发展和管理就会遇到各种问题。

第三个层面:心因相果

相由心生,境随心转。在运营企业的过程中,我们会遇到许多问题,这些问题是"果"。站在个人修行的角度,这些问题大多是由内心的认知造成的。几年前,有位企业老板周总早上开车到酒店接我去工厂,结果迟到了,见到我后非常不好意思。我看这位老板不是很高兴,而且这种不高兴像是遇到了什么事一样。这时,我忽然发现他车上的两个后视镜没有了,一问他才说:"太倒霉了,车的后视镜被人偷了,虽然损失不大,但修车非常浪费时间。"这时候我说:"没事,周总,或许偷你这个后视镜的人比我们更加需要这个后视镜,也许是他小孩读书需要学费,也许是亲人生病需要医药费……"这位老板听后豁然开朗,原来自己只是被动地做了个"慈善"而已。发生这种转变的关键在于他意识到,外在的境遇并非完全由外部因素决定,而且受到自己内心认知的深刻影响。这位老板开始以一种更加宽容和理解的态度去看待那个偷后视镜的人,这就是境随心转。

在运营企业的过程中,许多的"果"我们得从心上找原因,从认知上寻求突破,而不要被眼前的"果"障眼。"将军赶路,不追小兔",要从心因上下功夫,以不同的心态看待它所带来的结果和能量是不一样的。所以,遇到了困难就去观察它、关注它,遇到了苦就去穿越它。在苦中寻找苦,你就会发现苦中有乐,这就是心因相果:心对了,这个世界就对了;念头转了,境遇就会随之发生变化。这背后其实是修行的智慧,不断地修正心念,端正行为。

站在内在看外在——内功练什么

在企业运营的过程中,常犯的错误是总是向外看,过于关注外部的状态,关注所谓的商机,想速度快、规模大、利润多。但企业野蛮式增长的时代已经过去,现代企业要想发展,必须先练好内功。练好内功的前提是要内观,即需要我们站在内在看外在。具体来说,面对客户的需求,企业需要有好的产品去满足;面对客户的痛点,企业需要提供优质的服务;面对客户的诉求,企业需要第一时间去回应。

弗里茨·海德(Fritz Heider)在他的著作《人际关系心理学》中从通俗心理学的角度提出了归因理论。海德认为,任何事件的原因都可以分为外因和内因。人们在解释别人的行为时,往往会内归因;在解释自己的行为时,往往会外归因。比如,在现实生活中,人们习惯于将别人的成功外归因,将别人的失败内归因;而将自己的成功内归因,将自己的失败外归因。

看待企业也是如此，当别人的企业发展迅速、业绩增长时，就会认为这家企业是把握住了机会或者是得到了贵人的帮助；当别人的企业经营不善、业绩下滑时，就会认为其是企业内部负责人的问题、内部管理的问题、团队的问题等。当自己的企业发展迅速、业绩增长时，就会认为是自己善于经营、团队优秀、管理体系完善；当自己的企业经营不善、业绩下滑时，则会认为是大环境的问题、贸易冲突的问题、相关支持政策的问题；等等。

"站在未来看现在"启发我们关注企业战略，"站在高维看低维"启发我们关注企业经营，"站在内在看外在"启发我们关注企业管理。把握好这三个关键，让企业运营少走弯路，成就卓越企业。

第二章
企业战略、经营和管理的区别

前面我们提到的"站在未来看现在，站在高维看低维，站在内在看外在"，分别对应的是企业的战略、经营和管理。企业家、企业老板和高管需要对企业的战略、经营和管理有清晰的认知，但现实情况往往相反。有的人读了 EMBA、MBA，但未必有很强的实操经验；有的人白手起家，实操经验很强，但缺乏科班训练，所以在对这三者的概念和思考上，许多人的认识是模糊的。

企业的战略、经营、管理并不是孤立存在的，而是一体的，是时刻需要并融合发生的。当然，这需要当企业运营到一定阶段、一定规模，对企业战略、经营和管理的认知达到一定的高度后认知的升级。为了方便读者朋友们加深理解，接下来从六个方面一一解读这三个概念（见表 2-1）。

表 2-1 战略、经营、管理的区别

	工作目标	针对问题	主要目的	资源运用	工作收益	相关性
战略	合势	方向	做正确的事	没什么找什么	未来有钱	周期趋势
经营	盈利	方式	正确地做事	有什么干什么	当下有钱	盈利模式
管理	增效	方法	把事做正确	干什么成什么	持续有钱	管理体系

工作目标方面的区别

战略的目标是合势,经营的目标是盈利,管理的目标是增效。

(1)合势:你的战略周期要顺势而为,顺应经济周期、产业周期、行业周期,各个企业在不同的社会发展阶段会有不同的境遇,原因就是是否合势。

(2)盈利:盈利是经营的核心目标,从战略上讲,可以有暂时的战略性亏损,但从经营上说,必须强调当下的盈利,至少在核心业务模块上必须保证有相应的利润。

(3)增效:通过内部管理的优化和强化,降低成本、提升品质、提高效率,在同等资源条件下通过科学运营创造出更大的价值。

针对问题方面的区别

从解决问题的角度来看,战略解决的是企业发展方向的问题,经营解决的是企业盈利方式和利润来源的问题,管理解决的是企业增效方法和工具的问题。企业运营是一个精细化、系统化的工程,做任何工作都需要针对问题去思考,解决问题才能产生效益,否则不但无效,还会造成内耗。

主要目的方面的区别

战略是做正确的事,经营是正确地做事,管理是把事做正确。

首先，你要做正确的事，企业保证在方向上所定的战略是正确的、策略是适用的、目标是合理的。特别是企业操盘手，其必须在企业的发展方向上有深度的思考、系统的调研和精准的定论。运营企业好比一艘货轮要远行，方向得是对的，目标得是明确的，至于远行途中的各种细节问题，则可以等到开航以后，再有针对性地做调整。试想，如果一开始的方向是错的，那会越错越远；想要在航行的过程中再去掉头，那就难了，需要付出很大的成本和代价。

其次，你要正确地做事。从商业的角度判断是否在正确地做事，就要看企业的利润率和利润总额，同时不能只盯着结果，重点是如何做才能达成想要的结果。至于企业在运营过程中遇到的各种非根本性问题，须在经营过程中做调整，就像远洋货轮在途中停靠哪些港口、在哪里上下货物、在哪里进行补给等，都需要在航行中做调整。

最后，你要把事做正确。在企业运营过程中会遇到各种各样的具体的管理问题，要把事做正确，这样即使方向和策略出现了一些小的问题，管理也是最后的底牌，能够极大程度地提升企业的生存能力，以此解决战略和经营欠考虑的问题。

资源运用方面的区别

战略是没什么找什么，经营是有什么干什么，管理是干什么成什么。如何理解呢？比如，我们在定企业战略的时候，发现缺核心技术，那就去研发和学习；发现缺人才，那就去各地请人才，这就叫没什么找什么。经营是把企业现有的资源（人力、物力、财力等）最优化，现有的技术、产品、渠道、团队最优化，通俗地讲，就是有什么干什么。管理是你必须把

| 企业的定力：定战略　谋经营　强管理

事情做正确。比如，领导制定的策略和他所给的指令有些偏差，但是你能够把这个偏差修复好，帮领导正确地解决问题，这就是干什么成什么，其实也体现了你的管理能力和管理水平。

工作收益方面的区别

战略是让企业未来有钱，经营是让企业当下有钱，管理是让企业持续有钱。这是一个最通俗易懂的表述，也是一个务实的呈现，看起来世俗却蕴含着海量的信息。未来有钱，需要战略支撑，并且应是务实可行的战略，所以方向不能有问题；当下有钱，需要的是现有团队的运营能力，解决的是企业的生存和发展问题，如果没有利润，那么运营的每一个小时都是负债；持续有钱，需要的是精细化管理，降本增效，这样才能让企业产生持续的竞争力。

主体相关性方面的区别

战略跟周期和趋势相关，经营跟盈利模式相关，管理跟管理体系相关。战略需要分析企业优势从而探寻行业机会，需要全方位分析经济周期、产业趋势、行业趋势；经营需要进行价值链分析，价值点决定着商业模式，商业模式决定着盈利模式；管理需要从组织构建、流程分析、团队打造上思考管理体系的建设。

通过对以上六个方面的探讨，大家对企业运营的战略、经营和管理已经有了初步的了解，从中我们也可以看到，战略、经营和管理之间是相互联系的，由此，我把三者之间的关系总结为企业运营蓝图。

第二章 企业战略、经营和管理的区别

在企业运营蓝图中,经济周期、产业周期、行业周期是核心。在此基础上,我们再通过图2-1加深了解企业战略、经营和管理的关系。

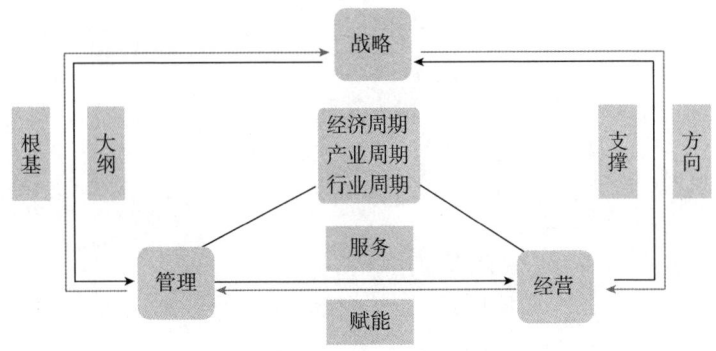

图2-1 企业运营蓝图

正向来看:战略是经营的方向,经营为管理赋能,而管理是战略的根基。

反向来看:战略是管理的大纲,管理为经营服务,而经营为战略提供支撑。

清晰的战略是企业长期健康发展的基础,正确的经营和盈利模式是企业生存发展的关键,而精细化管理是企业持续发展的保障。企业运营蓝图是一张指引企业走向成功的"地图",可以清晰地展示企业战略、经营和管理的关系,推动领导者与团队协同工作,形成合力,实现企业发展目标。

战略篇
战略谋定发展方向

第三章
企业战略制定的目的和意义

企业战略，是指企业根据外部的环境变化，依据本身的资源和能力，选择合适的经营领域和产品，从而形成企业的核心竞争力，并通过差异化在竞争中取胜。现代管理学认为企业战略是一个自上而下的整体规划性过程，包括公司战略、职能战略、业务战略、产品战略等几个层面的内容，通常还包括市场分析、竞争策略、产品定位和资源配置等。

企业制定战略的目的主要有三个：第一，帮企业找到可以取胜的位置和未来的发展方向。第二，面临关键阶段和重要抉择时，做正确的事和正确地做事。做正确的事就是思维要正确，正确地做事就是能力要达到。第三，解决客户为什么选择我，而不选择竞争对手的问题。

制定战略的意义是什么？首先，战略能帮助企业明确方向和目标。在市场竞争日益激烈的今天，企业要想脱颖而出，就必须有一个清晰的发展蓝图。战略能告诉企业该往哪个方向努力、该追求什么样的目标，从而避免盲目发展和资源浪费。其次，战略能提升企业的竞争力。通过深入分析市场和竞争对手，企业可以制定出更有针对性的竞争策略，从而在市场中

| 企业的定力：定战略　谋经营　强管理

占据有利地位；通过明晰战略，企业可以优化资源配置，提升运营效率，降低成本，进一步增强竞争力。最后，战略还能增强企业的凝聚力和向心力。一个明确的战略能让企业全体员工有一个共同的目标和追求，形成强大的合力，大家齐心协力，共同推动企业发展壮大。所以，战略的意义是非常重大的，它不仅能指引企业前进的方向，还能提升企业的竞争力，增强企业的凝聚力。有了战略，企业就能更加稳健、自信地迈向成功。

我通俗地用三句话来隐喻战略的意义和价值：一位合格的领导者，可以带领团队去他们喜欢去的地方；一位优秀的领导者，可以带领团队去他们想去的地方；一位卓越的领导者，可以带领团队去他们不敢想象但应该去的地方。这三句话是我的一位企业家朋友在跟我交流企业战略的意义时讲到的。领导者是引领方向的"人"，而战略是前行方向的"路"。

第四章
企业战略制定的"六定"法则

在现代企业的经营管理中,"战略"是一个高频出现的字眼。放眼全世界,大师级别的战略理论有很多,比如,"定位之父"杰克·特劳特认为,战略就是与众不同,强调要打败竞争对手、占领心智、足够聚焦;"现代营销学之父"菲利普·科特勒强调,不同维度下对市场进行细分策略;"竞争战略之父"迈克尔·波特强调,在行业竞争格局中抢占到一个优势位置;等等。

现在,老板们也逐步明白和理解了企业战略的重要性,开始投入时间和精力,花钱去听很多老师的战略课、定位课。听的时候觉得都挺对的,很有道理,非常有高度,如获至宝。可是到了自己的企业制定战略的时候却大不一样,要么制定出来的战略变成了口号,要么做着做着就跑偏了,没有办法很好地落地。之所以出现这样的现象,归根结底,就是老师们的战略理论固然不错,但是难以指导具体怎么去做。由此,我从可实操、能落地的战略维度,结合朗欧咨询10多年在企业里的咨询实践,总结了企业战略制定的"六定"法则。

企业的定力：定战略　谋经营　强管理

定方向

企业战略，首先要定方向，你不能什么都想做、什么都去做，以免最终陷入多元化的战略"骑墙"困境。定方向的核心就是要选赛道、避雷区、做决策。比如，你的企业打算进军白色家电，白色家电是一个大的赛道，你是想整个大的赛道都做呢，还是想做更细分的赛道？细分来说，白色家电产品有空调、电冰箱、洗衣机及生活小家电等，那么，你是想在空调的赛道上小试牛刀，还是想在洗衣机的赛道上奋勇竞争？

除了选赛道，你还要懂得避雷区。前段时间与一位著名的投资人聊天，我问对方，作为职业投资人这两年有没有什么好的投资方向。这位投资人笑了笑说，近几年最好的投资就是不要投资。其实，在这么多年跟企业老板们打交道的过程中，我也总结出了一点，那就是在运营企业的过程中，最好的投资就是自己的主业。因为你对自己的主业是最熟悉、最了解的，你所有的资源、人脉、能力都集中在主业。所以，对内投资，要深入研究自己的主业，了解主业的雷区在哪里，从而避开对内的雷区；对外投资，诸如从P2P到虚拟货币，再到房地产、私募基金等，最好交给专业的人，由专业的人做专业的事，从而避开对外的雷区。

选好了赛道，也避开了雷区，接下来就要做好决策。只有做出正确的决策，才能让企业有一个好的方向和开始。

定价值

定价值，本质上就是价值识别，也就是说，企业要有差异化的价值主张。其实一家企业之所以能够生存和发展，一定是因为有其独特的价值点，你得学会怎么去识别。

当你做工厂的时候，一定要思考一个问题，即工厂的核心价值在哪里。是在原材料的性价比上，还是在原材料的质量稳定性上？是在生产的效率上，还是在人工的成本上？是在核心技术上，还是在品牌建设上？是在营销策略上，还是在销售渠道上？有价值，才能被需求；被需求，别人才愿意跟你交换价值。因此，只要选择做工厂，你就得定价值，做好价值识别，这就是市场经济——你得有能力为别人提供好服务、高价值。

定优势

通俗来讲，定优势，就是要思考、总结并提炼出企业最核心的优势。细分是定优势的基础，先要从不同的角度去发现企业的优势，然后在众多优势中定出一个与众不同的点，再将这个点无限放大，形成产品的优势标签和企业的品牌标签。

拿我们朗欧来说，朗欧是做什么的呢？用一句话表达就是，朗欧是做驻厂咨询服务的。为什么这样讲呢？我们朗欧派老师常驻企业，有一年、两年的，也有三年、五年的，最长的有10年，至今朗欧老师还进驻在这家企业里。所以，朗欧企业的核心优势就是两个字——驻厂，驻厂才能落地，用时间和专业陪伴制造型企业成长，这就是定优势。

定关键

定关键，要定的内容主要包括关键行业、业务、产品、区域这四个关键点。

比如，你的企业是做材料的，那就要考虑材料要应用于哪些行业，关键业务从哪里来，拳头产品是哪些，区域市场怎么划分。更细致一点，还要考虑针对不同的区域投放不同的产品，比如做油漆产品的企业，如果计划把产品投放到华南地区，考虑当地湿润的气候特征，产品就需要具备防潮的特性；如果计划把产品投放到西北地区，因为当地气候比较干燥、紫外线强烈，产品就需要具备防干燥、防紫外线的特性，以免用一段时间就开裂了。这只是从大的区域进行划分，对于更细分的区域也是如此，需要针对性地调整产品结构。

核心产品，则可以根据企业的规模，确定主抓一个产品还是多个产品。一般来说，大型企业可以有多个核心产品，代表的是不同的产品线，但注意不要选择过多，否则产品的关键点就不清晰了。

定对象

定对象，就是要有精准的客户画像，即你的消费者群体是哪些人。具体来说，客户的性别、年龄、职业、身份地位是怎样的，他们的需求和喜好是什么，他们有着怎样的内在价值观。"知己知彼，方能百战百胜"，企业需要对自己的消费者做详细的前期调研，从而精准制定企业的产品策略和营销策略，以此获得稳定的市场份额。

例如，哈根达斯是冰激凌中的"奢侈品"，它没有花费大量的精力去吸引所有爱吃冰激凌的消费者，它的目标消费者是注重感官享受、宠爱自己、喜欢浪漫和愉悦体验的年轻人，以及较为富有的企业白领，这就很精准了。又如，经典的广告语："男人的衣柜，海澜之家。"这短短的一句话，就让你立刻知晓海澜之家的消费者群体。

定原则

定原则，即开展的产品业务要定好可做、能做、该做和坚决不做的原则，这也是我想强调的核心。可做的是方向，能做的是能力边界，该做的是核心产品，坚决不做的是底线。我们经营一家企业，暂且不说百年企业，就算是经营50年，想让一代人、两代人做下去，也得遵循这些原则，至少在相当一段时间内需要坚持这些原则。这有助于企业在面对"诱惑"和挫折的时候不迷失方向。

以我们朗欧咨询为例，什么是可做的？商学教育是可做的。之所以做出这样的判断，是因为我们可以把这么多年在咨询实战中总结形成的一套管理的思想体系、方法体系、工具体系与管理学院的思想理论结合起来，这些东西是成形的，要做也只是一个嫁接的问题。因此，从认知边界的突破、系统性以及实操性上看，我们是可以做商学教育的。朗欧能做什么？就我们的能力而言，有很多可以做，比如模块化咨询管理、微咨询。朗欧该做什么？朗欧的核心是驻厂、是落地，所以这就是该做的核心产品。朗欧坚决不做什么？不能落地、不务实的，是我们坚决不做的。

企业战略制定的"六定"法则内容很简单，就是定方向、定价值、定优势、定关键、定对象和定原则。做到这"六定"，企业的战略大纲就有了，纲举目张，为后续制定并落实战略打下了坚实的基础。

第五章
企业战略制定的六个思考

清楚了企业战略的概念后,我们在构思与制定战略时,应当从以下六个维度进行深入的思考。

战略目标是什么

我把它理解为目标要求,就是要把企业做成什么样。这个目标不是空洞的口号,而是具象化的,一听就理解、明白。

达成路径是什么

我们思考达成目标的方案和策略要清晰。生产能力、营销渠道、品牌建设、研发技术等,是找短板——突破,还是多头发力,需要企业根据实际情况明确达成目标的路径。

战略资源是什么

分析和准备战略资源。定战略不是讲大话，定了宏大的目标后，战略资源的储备要跟上，比如人力、生产基地、营销策略等。有的老板在会议上慷慨陈词，说公司年产值要从 3 亿元做到 6 亿元，问题是怎么做到呢？肯定不是靠想出来的，也不是靠简单的算法算出来的，而是一步一个脚印、踏踏实实地干出来的。

行为准则是什么

为了实现战略目标，团队需要有共同的行为准则，在企业里既可以通过共同的价值观来体现，也可以通过企业文化来塑造，团队只有有了共同的行为准则，才能够做到同频共振。

活力机制是什么

活力机制包括价值分配体系、职业晋升通道设计、挑战性的工作等。特别是价值分配体系，对于民营企业来讲，有了价值分配机制才能让团队有源源不断的动力。企业要有一套完整的价值分配体系，体现"以奋斗者为本"，不让"奋斗者"吃亏，以此保证组织的活力，保证企业战略能够得到有效执行并达成预期目标。

承受能力有多强

思考承受能力其实就是要有底线思维。如果一个战略目标推进失败了，企业能不能承受得了？制造业是重投入、重资产的行业，不得不考虑风险。做战略性决策的时候就需要考虑：如果最后证明决策是错的，它将给企业带来什么影响？这个影响在不在承受范围之内？承受能力主要包括企业经济能力的承受范围以及企业老板心理能力的承受范围等。

很多企业容易在这一方面出问题，一招不慎，企业就倒掉了。做企业一定要建立在企业组织健康和企业家身心健康的基础之上，首先一定要保安全，包括人的安全、经营的安全等。万一这个战略不成，你的下一步策略是什么，这就是做战略的底线思维。

以上是我们在做战略的时候一定要思考的六个问题，战略目标就是你的目标要求，达成路径就是你的方案和策略要怎么做，战略资源就是你要有所分析和准备，行为准则是团队要怎么做才能达到目标，活力机制是要让大家有动力去干，承受能力就是底线思维。

第六章
企业战略制定的步骤和认知

企业战略制定"十步曲"

企业战略到底是怎么制定的呢？我从实战的角度总结了企业战略制定"十步曲"。我是一个管理研究者、实践者，所以在本书中，更多的是从制造型企业实操的角度、从实际企业的运营过程来谈战略。本书中企业战略的相关内容主要指企业的五年规划、年度经营计划的制定等，侧重于企业实操，偏向于企业的微观战略，而不是宏观战略。

第一步：经营现状分析

制定战略首先要了解现状。许多老板会想，我天天在企业、在工厂，没有人比我更清楚企业现状。但从朗欧老师在企业里做实战咨询调研的情况来看，许多企业老板所谓对企业的了解，仍停留在对具体事务的感觉和财务数据的结果上。感觉上的熟悉往往不准确，不能为战略制定提供实实在在的数据依据，财务数据是结果，好坏已成定局，团队也无能为力。现实情况是许多企业在做战略的时候并没有系统地、全方位地、数据化地对现状进行分析。我认为，经营现状分析应当包括以下四个方面。

（1）业绩分析

从制定战略的角度来看，做业绩分析要重点关注四个数据：年产值、利润总额、利润率和增长率。年产值是业务体量，利润总额是经营能力的体现，利润率是盈利能力的体现，增长率是发展前景的判断。

（2）市场分析

市场分析主要包括市场占有率、客户需求、业绩预测等方面的分析。具体来说，客户需求分析就是绘制客户精准需求画像，业绩预测就是对销售业务进行相对准确的预测。可以根据前一两年的历史数据，以及当年或当季的宏观经济情况、区域市场行业的竞争情况等，确定每个月、每个季度或每个年度的销售预测。

（3）竞争力分析

需要分析企业产品的性价比、性能比、技术的先进性、品质的稳定性、效率、成本等方面具备的优势。现在很多企业在制定战略规划时，往往表现出一种急功近利的心态，它们的做法往往是简单地召集几位决策者开个会议，之后迅速确立一个宏大的目标，随后便采取强制性的手段推动执行，对员工施加高压，以期迅速实现战略落地，这是不科学的。

（4）团队分析

需要分析团队的年龄、学历、专业技能、成长性、能力和企业的人才密度等能否支撑企业战略的落地。团队是战略执行的关键力量，团队的专业能力、协作精神和创新思维，直接决定了战略能否得到有效落地和持续优化。朗欧咨询有个山东客户，它的年产值大概有20亿元。朗欧老师分析企业团队情况时发现，这个企业50岁到59岁年龄段的员工竟有339人，要知道企业一共才1000人，这个企业的高龄占比比较大，所以我至今印象深刻。这个企业要想转型升级，要想突破，要想有活力，就必须补充新鲜血液。朗欧老师在咨询过程中给这个企业制订了"百名大学生培养计划"，跟学校签订一些战略合作协议，通过这种方式助力企业进行人才更迭。

第二步：制定战略蓝图，确立公司/中心级战略目标

通过对企业经营情况的分析，我们已经系统地了解了企业的经营现状、未来可发力的方向和应该去实现的目标，接下来就可以制定战略蓝图了。有了战略蓝图，企业走的每一步才不会没有方向。如果企业规模较小，制定战略蓝图就是确立公司的战略目标；如果企业规模较大，制定战略蓝图，除了公司层面的战略目标，还要确立中心级或各个事业部的战略目标。

在制定战略蓝图的过程中，需要注意以下四点。

（1）核心管理层一定要进行深度研讨

制定战略蓝图至关重要，就好比一开始飞机飞行方向就错了，后知后觉才去掉头，那会浪费大量的人力、物力、财力，有时候还会产生无法挽回的重大损失。企业的核心管理层必须慎重，必须比其他人花更多的精力去研讨和论证。

（2）根据经营现状确定公司或中心级战略目标

这个目标是经营主体要实现的总体目标，是董事会和高管团队需要关注的核心，也是企业经营结果的评价指标。

(3) 制订战略资源的投入计划

如果企业只是宣布了一个伟大的目标,却不进行相应的资源投入,不给予团队各方面的配合和支持,再好的目标也是枉然。所以,做好蓝图以后,紧接着的是要做出相应的战略资源投入计划。

(4) 明确公司的战略蓝图并进行宣发

高层做好战略蓝图,最终还是要下达到中层、基层去执行落实,要让全体员工都知道公司层面的目标,以及每个核心团队成员自己应该达成什么样的目标。战略蓝图宣发的重点是用最简练易懂的语言和朴实无华的方式对目标进行宣贯。

第三步：确定部门级战略目标

确定了公司和中心层面的战略目标后,还要逐级落实,确定部门级的战略目标。

(1) 部门内部要组织相关人员,围绕公司的战略目标进行学习和研讨

当公司级的目标定出来后,各部门首先要了解和学习公司的战略目标,确保对战略目标的理解不会有偏差。接着就是要共同研讨,讨论如何把战略目标分解成部门目标。研讨的过程不仅是共同学习的机会,也是统一认知最好的方式。

(2) 围绕目标的达成,组织内部人员开展"头脑风暴"或举行辩论

华为公司的战略管理部门下设两个组织,一个叫"蓝军"部,一个叫"红军"部。通过模拟假想敌,让"蓝军"和"红军"两支队伍进行针对

性的对抗性演练。这种机制诞生于 2006 年，"红军"代表着华为现行战略模式，而"蓝军"模拟竞争对手，用逆向思维论证"红军"战略、产品、解决方案的漏洞或问题。"蓝军"和"红军"之间互相 PK 搞辩论，通常会持续几个月。经过反复博弈，华为的战略也就经过了千锤百炼和反复论证，变得更加缜密。

华为非常重视"蓝军"，员工要想升职，必须先加入"蓝军"。华为对"蓝军"所代表的反对声音非常宽容。任正非说："我们在华为内部要创造一种保护机制，一定要让'蓝军'有地位。'蓝军'可能胡说八道，有一些'疯子'，敢想敢说敢干，博弈之后要给他们一些宽容。你怎么知道他们不能走出一条路来呢？" 2008 年，正是因为"蓝军"的反对，华为才没有出售手机业务。也是因为"蓝军"的极端假设——万一美国公司不给我们提供芯片了怎么办，华为才重金打造了"备胎"——海思芯片！

对于一个战略目标，内部人员一定是有一方说这个不行，有一方说这个可行，然后进行辩论，通过辩论既可以加深大家对目标的理解，也可以辩论出一个最优决定。类似这样的方式，是非常值得去思考和借鉴的。

(3) 要进行目标达成的相关人、财、物等资源的配备分析

对于老板或公司来讲，给各部门定下的目标，事先是有过深度思考的，接下来要做的就是执行，这就需要进行实实在在的人、财、物的分析。具体来说，就是要配备好能够帮助达成目标的设备、人员、技术、营销策略等。比如，一个五金厂的目标是要提高 20% 的产能，而原来使用的产能机器是 5 台激光切割机，产能已经饱和，那现在就要考虑是不是得再买一台激光切割机。

第四步：总体资源配备分析

前面是各个部门围绕着公司的战略目标进行人、财、物的分析，相当

于是需求方做出的计划，接下来需要从公司层面对这些资源进行处理和分配，也就是要做好资源配备的分析。如何做？以下总结出三个必要步骤。

(1) 汇总各个部门的资源配置需求，与公司战略资源预算进行对比和统计分析

各个部门在确定好自己关于人、财、物的需求以后，上报到公司，由公司进行统计分析，看看跟董事会的预期是否一致，能不能跟整个企业所预计的投入及利润率、利润总额相吻合，从而最大限度地保证资源的投入到位。

(2) 优先用精细化管理、精益化运营的思维方式解决资源配备的问题

在收集好各个部门的需求以后，优先用精细化管理、精益化运营的思维方式，把原来的计划重新排一下，以此提高公司现有资源的利用率。比如，一个设备组装厂，它的"瓶颈"工序在于金属材料切割，如何满足提高20%产能的需求？首先你可以看看工厂现有的这台激光切割机的运行效率，如果延长机器的运行时间能够达成产能目标，就不用新购高成本的激光切割机。

配备资源时，首要的不是买买买，也不是哪个部门提了购买需求后，公司就必须立马去买，如果买回来后设备稼动率没有提高，那它就是成本，就是浪费。所以，对于为什么投入新的资源，我们要进行深度的分析，优先用精细化管理、精益化运营的思维方式去解决资源配置的问题。

(3) 做好投入产出的预测算

比如，企业原来计划通过1000万元的设备投入，实现业绩增长1亿元的目标，这个时候就要去核算，如果我们把所需的资源都配备好了，比如

设备买好了，或产线和流动资金增加了，最后能不能达到预测的业绩目标？这需要进行比较精确的测算，以此降低投入产出的风险。

第五步：制订各部门的行动计划

当我们做好一些诸如战略目标制定、配备资源分析等前期工作以后，就要开始落实到行动上。"凡事预则立，不预则废"，没有行动计划的战略只是一个口号，是不起作用的。如何制订出切实可行的行动计划呢？以下分享三个关键点。

（1）行动计划要阶段性地制订，而且动作要明确

战略行动计划，即企业为实现战略目标所需采取的具体措施和步骤。前面我们提到战略目标是要向下分解到各个部门，成为部门级目标的，各个部门也要制订出各自的行动计划，有了具体的行动计划，才能步步为营。这里一定要注意，行动计划要阶段性地制订。每个阶段都有具体的目标，可以让团队保持专注和动力，同时能灵活应对变化，在实践的过程中不断纠正和完善计划。当然，每个动作都要明确，避免扯皮，提高团队的行动效率。

（2）行动计划要进行关键成功因素的分析

就企业战略而言，关键成功因素指的是对战略目标的达成起关键作用的举措。具体到行动计划上，就是要分析能让部门目标达成的关键举措或动作。这些举措或动作是行动计划必须做到的，只有做到，才能够完成已经制定的战略目标。通常我们可以借助鱼骨图来找到对应的关键成功因素。

鱼骨图，也叫鱼刺图、因果图、石川图，是由日本管理学大师石川馨先生提出的一种问题分析方法和工具。我们可以使用鱼骨图对部门的战略

目标进行抽丝剥茧的分析，将影响目标的因素和动作拆分成更小、更容易处理的子因素或子动作，从而更好地明确关键影响因素。

（3）行动计划要有明确的工作内容、责任人和结果体现等内容

每一个部门都要把行动计划做出来，并且精准地细化到小组或岗位。下面以 PMC 部为例做详细讲解。

整个推进计划可以用表格（见表 6-1）来呈现。表格内容包括战略方向、关键成功因素、行动计划、责任人、行动时间、输出结果、验收标准、资源协助需求、对应 KPI、计算方式和目标值。比如，生管的关键成功因素包括订单评审管理、主生产计划管理、生产进度管理等。具体要怎样落实这些要素呢？这就需要一一列出行动计划，即关键步骤。

第六步：制定绩效分配表，签订责任状

战略不落地等于零。企业战略的落地，离不开团队持续地执行和不断地输出价值。企业想长久地做到这点，就需要一套活力机制，持续地激发组织活力，这就是我们要着重思考的价值分配机制。通过价值分配可以保证组织的活力，改善企业经营状况，提升企业和组织的价值。当价值创造出来以后，我们还要做好价值分配，这就是活力的规则。针对战略落地，具体如何进行绩效分配呢？以下分享三点。

（1）根据各个部门的目标分解和行动计划，将经营目标转化成即时可见的管理指标

比如，企业的年经营目标是 10 亿元（指的是销售额、营业收入总额），如果按 10% 的利润率，分解出来就是 1 亿元的利润，要实现这个经营目标，我们需要把它传递到部门负责人。关键在于如何实际地将经营目标转化成各部门负责人的管理指标，你不能说"大家听好了，今年公司的目

第六章　企业战略制定的步骤和认知

表6-1　某家五金制品企业实际行动计划表

部门	组别	战略方向	关键成功因素	行动计划	责任人	2024年 1月 2月 3月 4月 5月 6月 7月 8月 9月 10月 11月 12月	输出结果	验收标准	资源协助需求	对应KPI	计算方式	目标值 基本 挑战
PMC部	生管	实现企业战略的产能目标	订单评审管理（人、机、法、料、环）	1.1 订单评审表完善人、机、料、法、环五大因素内容（现有模板不完善的需完善） 1.2 订单各产品部件所用物料：分为大宗常用标准件物料、特殊常用关键专用物料验证及确认（含采购周期长的物料）、自制或外购产品或部件 1.3 生产能力：现有手头未完成订单产能（人力、设备）情况及完成时间覆盖跨度 1.4 技术资料：产品工艺及工艺流程确认、物料BOM清单产品清单、效果图信息、施工及现场环境图信息、各部件的规格图，品质验收标准	李××		订单评审表	符合销售需求与有效性	业务、工程技术、生管、物控、采购、生产、品质部门相关信息、资料工作配合支持	订单评审各环节信息全面、正确、及时		

35

续表

部门	组别	战略方向	关键成功因素	行动计划	责任人	2024年 1月 2月 3月 4月 5月 6月 7月 8月 9月 10月 11月 12月	输出结果	验收标准	资源协助需求	对应KPI	计算方式	目标值 基本 挑战
PMC部	生管	实现企业战略的产能目标	生产周期、工段产能负荷评估及重点"瓶颈"工序	2.1 工段生产周期梳理：在工艺流程卡不完善的情况下，依标准件和非标准件，并结合大型、中型、小型项目类别，PMC部同工程技术部和生产部共同协商，先初步制定一个从下料到后段工段的生产粗略工时，以供计划制订作为框架性参考 2.2 针对"瓶颈"工序段，重点做好人力产能的评估，例如，金工车间的下料计划以及焊接人力产能规划	李××		工序段产能工时表	工程PIE主导	工程PIE及生产共同协商确认	生产周期	实际生产天数	7天 4天

36

第六章　企业战略制定的步骤和认知

续表

部门	组别	战略方向	关键成功因素	行动计划	责任人	2024年 1月 2月 3月 4月 5月 6月 7月 8月 9月 10月 11月 12月	输出结果	验收标准	资源协助需求	对应KPI	计算方式	目标值 基本 挑战
PMC部	生管	实现企业战略的产能指标	主生产计划管理：物料，工艺，工序卡流程卡（工艺、产能），计划编排正确及时	3.1 由主计划生管员统筹对接业务订单，技术图纸资料和工艺流程卡资料，并给到计划主管经理（副经理）知会审阅 3.2 主计划生管员依订单产品工艺流程和产能，并结合现有订单覆盖的时间，做大工序段的主生产计划编排 3.3 不同工序段产能评估方案，技术部或PIE部主导，生产部参与商定一份临时工序段产能工时表以做主计划排工时参考用 3.4 主计划大工序段的计划开工时间即为前工序的完工时间即为后工序的开工时间	黄××		主生产计划	以符合实际有效为准	生产工艺流程卡（生产周期时间表）	主计划制订合理及时率	$1-\dfrac{\text{（不合理不及时次数）}}{\text{总计划制订次数}}\times 100\%$	90% 96%

37

续表

部门	组别	战略方向	关键成功因素	行动计划	责任人	2024年 1月 2月 3月 4月 5月 6月 7月 8月 9月 10月 11月 12月	输出结果	验收标准	资源协助需求	对应KPI	计算方式	目标值 基本 / 挑战
PMC部	生管	实现企业战略的产能目标	工段细部计划	4.1 依工艺流程，设立各工段的小计划员（工序计划员） 4.2 依主计划生管（大生管）安排的主生产计划时间节点要求，工序计划员（小计管）依主计划单各部件以及规格图纸开完工时间，具体到订单各部件以及规格图纸都要做好计划开工前的跟催与准备，并且把负责本工段的各部件的细部计划从主计划分解到工段车间负责人执行生产任务 4.3 原则：工段计划结合主计划完工时间要求的计划开完工时间执行，同时把组成产品生产所需的半成品部件给到车间配套生产	黄××		工段细部计划	以符合实际有效为准	生产工艺流程卡（生产周期时间表）、BOM清单	工段细部计划制订合理及时率	$1-\dfrac{\text{（不合理不及时次数）}}{\text{总计划制订次数}}\times 100\%$	90% / 96%

标是完成 1 亿元的利润"。这里有两个关键点：一是企业有那么多部门，每个部门扮演的角色有差异，需要先想想怎么去分配这个利润目标；二是这样笼统地讲利润，很多人特别是基层员工是没有直观感受的，你不要从上到下都讲利润率，因为普通员工根本不关心利润率，他真正关心的是这个月的计件工资是多少、他每天干了活能不能拿到钱，诸如此类。

你要将经营目标或经营指标向下分解为管理指标，这样员工才能清楚地知道自己的任务，知道自己要完成哪些管理指标以达成经营目标。

（2）要通过历史数据的演算以及战略资源投入效果的预算，确定合理的绩效目标区间

比如，生产部的绩效占比是多少、月盈亏平衡点是多少、每月目标绩效增减是多少、业绩绩效的金额是多少、最高值绩效的金额是多少、岗位人数合计的绩效比例是多少……这些都要进行测算。如果没有进行精准的测算，就无法确定绩效目标合理的区间。其实，提前进行演算，就是为了一步一步对战略目标进行分解。

我看到很多企业错误地把战略目标理解成"喊口号""定数字"，比如，老板或总经理号召大家今年要做 10 亿元的产值或者明年就要上市，然后管理团队不做任何前期测算，就直接按照这个目标来做绩效分配表，等到年终尾牙的时候，才发现实际业绩跟上一年没多大差别。绩效目标的设定区间必须是合理的，这样才有衡量的标准。如果经过精准的测算，团队还是没有完成目标，那就说明团队业绩确实是不达标的。

（3）要根据绩效分配价值并签订责任状，保证组织活力

在演算好各个团队的合理绩效目标以后，我们要让团队会签相关的责任状。这样就能够将目标明确地传达给每个团队成员，大家也就能清楚地知道自己的角色和职责。企业的规模越大，对团队协同的效率要求越高。

整个团队高效配合，才能一起去打山头，一起去攻克难关，一起为实现战略目标而奋斗。

第七步：形成战略手册

在确定好一系列的战略目标、战略计划以后，还要形成战略手册。战略手册是企业内部沟通、管理和实施战略的一个重要工具，它可以把抽象的战略想法转化成具体的行动指导。正确使用战略手册能够确保员工在战略理解和行动上保持一致，同时，其也是管理者在做决策时的一个重要参考，从而提升整个企业的组织效率，让企业战略落到实处。

战略手册一般包括蓝图规划、品牌策略、产品策略、运营策略和人才策略。比如，怎么配置组织、每一个部门的行动计划怎么做、执行落地的目标怎么分解、怎么进行定期复盘、怎么建立激励机制，等等。

具体如何操作？当与各个部门反复研讨有了决议以后，要与各个部门确认，然后对各个部门的战略相关文件和公司级的战略相关文件进行整理汇编，并且装订成册。战略手册的呈现形式就像一本书，把内容整合起来方便阅读，让全体员工随时查看、研读。

第八步：召开战略宣讲会

企业战略不仅是董事会的战略，也不仅是高层的战略，更不仅是部门负责人的战略，而是全员的战略。通过战略宣讲，可以让全体员工直接听到来自领导层的讲解和期望，可以增进他们对战略的理解，提高他们对企业战略的认同感和执行力。我们要如何宣讲企业战略呢？以下分享三点内容。

（1）高层必须重视战略宣讲

高层都不重视，团队的人就更不会当一回事儿。高层是决策者，更是动力源。战略是"一把手工程",高层必须重视宣讲,而且在宣讲的过程中要注重实效,防止形式化,可以设计一些考试或者互相分享心得的方式对宣讲效果进行检验。

(2) 设定宣讲的频率和方式

第一,宣讲的频率要适中。你要思考宣讲的频率是一天一次、一周一次,还是一个月一次、一个季度一次,但肯定不可能是好几年一次。且不说这个战略的实现本身就有个周期,有的员工可能等不到你宣讲就离开公司了。周期太长,宣讲就不会有好的效果,因为员工基本上是听一次、忘一次。其实,很多企业非常重视开一些全体员工都参加的会议,像月度会、季度会、年中会、年终会等,它们会借着这些会议进行战略总结,并对战略做进一步的宣讲。这个是频率问题,要按照企业的实际需求来设定。第二,宣讲的方式要多样化。你可以正儿八经地在会议上宣讲,也可以借助活动的方式深入宣讲。至于怎样宣讲,用一个词来概括,就是要说"人话"——你跟高层宣讲可能涉及一些战略术语,但要是跟普通员工这么讲,他们听了估计得打瞌睡。

(3) 自上而下的宣讲,自下而上的反馈

这是战略宣讲的两个路径。你要收集反馈的信息,像我们学习一样,你不能天天就是学,就是读书,你要想想从下往上怎么跟工作相结合,否则就变成读死书了,或者变成专业学习,这是在校学生干的事。在企业里面,我们得思考实用性和时效性,只有实实在在地做起来,做出了业绩,才能支撑企业的发展,其他的都是空谈。

> 企业的定力：定战略　谋经营　强管理

第九步：召开战略复盘会

如何有效地开好战略复盘会呢？以下分享四个要点。

（1）要设定复盘频率

复盘的频率可以是年度的、季度的或月度的。复盘内容包括利润率、业务增长率、市场分析、客户画像等。复盘不仅是对过去一段时间的简单回顾，更是一个深入分析、总结与学习的过程。战略目标确定后你不去复盘，到年底一看，发现还是跟上一年一样，并没有增长多少。或者即使达成了战略目标，也不知道究竟做对了什么，从而变成了一本"糊涂账"。

（2）必须用数据、动作事实和效果进行对比分析

复盘的时候，我们应该充分重视数据的作用，并结合动作事实和效果进行全面、深入的分析。通过业绩数据来检验工作的业绩、说明动作的有效性不仅是最直观、最有说服力的方式，也是反映问题、分析问题的最好方式。

（3）不断地调整方案和执行动作，确保执行到位

战略复盘后要根据情况不断调整，调整的是动作，而不是已经制定好的战略目标。战略目标具有稳定性和长远性，不能随意调整或频繁变动，它是企业在一定时期内所追求的长期性、全局性和根本性的目标。如果动不动就调整战略目标，它就无法发挥应有的"指挥棒"作用，甚至可能给企业带来混乱和不稳定。在这种情况下，战略目标就失去了其应有的严肃性和权威性，变得像儿戏一样，无法让人信服和遵从。

要记住，我们要调整的是方案的执行落地动作，而不是调整目标。目

标一旦定了哪一年完成，那就必须完成，如果完不成，团队会有挫败感，也会对老板的经营信心造成伤害。战略目标，一定是经过深思熟虑才制定的，应确保目标既具有挑战性又切实可行，不要轻而易举地说要做5亿元、10亿元的年产值。

(4) 战略资源的配备要与落地执行情况相匹配

战略资源的配置需要紧密契合落地执行的步伐。一方面，若企业仅凭财力雄厚便超前购置战略所需设备和其他资源，却未能在实际操作中同步推进，将导致资源闲置，失去资源配备应有的价值与意义。另一方面，若在执行层面已全面铺开，战略资源的配置却未能及时到位，将严重制约战略实施的持续性和成效发挥，使既定目标难以实现。确保战略资源的配备与实际执行进度精准结合，是确保战略成功实施的关键所在。

第十步：持续改善

战略目标的精髓在于不懈追求与持续进步，它引领企业不断向前探索发展的新境界。当前，表面看起来十分"内卷"，而优秀型制造企业正步入一个为期3年至5年的黄金发展期，这段时间对于企业的生存与壮大称得上是决定性的转折点。未来数年，企业的命运将不再仅是过得好与过得不好之分，而是直接关乎生存与否的严峻考验。多年之后，市场将仅留下那些成功把握机遇、实现飞跃的佼佼者，而未能适应变化、未能挺过难关的企业将黯然退场。因此，对于每一家制造型企业而言，这不仅是一场生死时速的竞赛，更是一次对战略眼光与执行力的终极考验。当然，即便是生存下来的企业，发展水平与发展成就也会有显著差异，首要任务无疑是确保自己能够跨越生存这道门槛，只有这样才能有不断自我革新、持续改善的时间和机会。

如何实现持续改善？以下分享三个关键点。

(1) 团队活力比时效更重要

时效固然是重要的，但是团队成员充满活力和信心地去做事，比时效更重要。因为有可能一两个月、一两个季度都没达成目标，但是当整个团队都奔着这个目标去做、往前走，说不定在第三季度或第四季度就完成任务了。

(2) 频率比对错更重要

我们在实施战略的过程中，难免会遇到挑战与波折，这时重要的是保持积极的心态与韧性。不要因为一时的挫败或不尽如人意，就轻易否定自己或产生放弃的念头。保持一个频率一直往前走比对错更重要，就像开车一样，只要一直开，总有一天你的开车技术会娴熟起来。你只要多去做就可以了，当一群人都秉持着积极向上的态度携手并进时，即便你的企业在第一季度面临业绩的挑战，但随着这种正能量的持续传递，第二季度或者第三季度的业绩极大可能迎来显著的回暖与增长。

(3) 长期比短期更重要

做战略目标的持续改善，长期比短期更重要：一是长期目标的坚定不移，要有长远的眼光和笃定的信念；二是长期持续改进，长期持续地投入准备；三是有克服短期困难和提供问题托底的能力。

企业战略制定的三个认知

关于企业战略制定，除了以上可操作、可落地的步骤，我们还要有以下三个认知。

第一个认知：企业战略制定的重点聚焦于如何做才能达成未来的目标

很多企业年底将团队集中到一个度假酒店，封闭两三天召开战略分析会，但会议开完后没有对行动计划的落地进行有效的监督和执行。战略制定是"三分定，七分行"，在明确未来的方向后最重要的是当下的行动，只有通过不折不扣的行动才能达成未来的目标。

第二个认知：企业战略制定的核心是将经营目标转化为管理指标

战略目标制定出来以后，一定要将战略目标细化为经营目标，将经营目标转化为管理指标。只有管理指标才能分解至中心、部门、车间、班组和团队成员头上。

比如，利润率这个经营目标跟成本相关，我们可以把它转化成材料产值比、人工产值比、人均产能、物料损耗率等管理指标，这些管理指标跟每个中层管理者息息相关。管理指标就像一个链条一样将每个中层管理者、员工与企业经营目标串联起来，让每个人与企业的发展命运与共、息息相关。

第三个认知：企业战略制定的关键是动作的分解和执行

管理指标的背后是具体的工作和可执行的动作，战略目标是定出来的，但目标的达成一定是所有人一块儿干出来的。只有落地才能解决问题，只有解决问题才能降本增效，只有不断地创造价值才能实现企业的战略目标。

第七章
百年企业打造战略

2024年4月下旬，我受著名财经作家吴晓波邀请，带领100多位中国企业家到德国参加了全球最大的工业展会——汉诺威工业展，同时参观了德国多家隐形冠军企业，其中不乏一些百年企业。比如，菲尼克斯（Phoenix）今年是第102年，博世（BOSCH）今年是第139年，巴斯夫（BASF）今年是第160年。据了解，德国有1000多家百年以上的企业。

参观完企业后，有企业家提问："张老师，我们看到德国有这么多百年以上的企业，日本也有几万家百年企业，为什么我们做工厂，做个一二十年就做不下去了呢？我们要怎样才能做成一家百年企业呢？"这是一个很好的问题，当时我告诉他："一年一年地做，做它100年。"这句话听起来好像是敷衍，但背后颇具哲学意味，做企业就是要一年一年地做好，做它100年不就是百年企业了吗？做了100年以后你再继续一年一年地做，不就是菲尼克斯、博世、巴斯夫吗？

如何经营成一家百年企业呢？有以下五个建议。

将企业传承和财富继承分开

很多中国的企业老板感慨:"打江山难,守江山更难。"从二三十岁开始创业,辛辛苦苦、一点一滴地把企业做大,到了六七十岁,想要交班时发现孩子不愿意接班。这个时候老一辈企业家会心生烦恼,好像企业的发展没有明确的目标了,像是一艘失去了方向的轮船。

这个时候我们需要把企业传承和财富继承分开来看。如果我们的孩子愿意接班,我们得教孩子从管理、经营、市场、生产工艺等方面一点一滴地学习和摸爬滚打,传承的是创业的精神,传承的是经营的精髓,传承的是企业的平台,让他们能够顺利接管企业;如果孩子不愿意接班,说明他有自己的核心能力,或有自己的事业规划,或有自己热爱的工作,我们也要很开心、很坦然,我们可以通过财富继承的方式,比如家族信托、家族办公室,由第三方专业机构对家族的财富进行管理。

将企业传承和财富继承分开后,你会发现心态变得平和,同时,你也会明白这个企业不仅是你个人的企业,更是一个社会化的企业,是一个可以传承的企业。这样一来,企业的发展又有了明确的方向,我们也能够更好地规划企业的未来。

拥有全球化运营的思维

我们要想做成一家百年企业,必须得站在全球运营的角度去看企业的战略、经营和管理。世界是多元化的,有不同的政治体制、经济体制和人文环境,不同的社会发展阶段对于企业来说既有挑战也有机遇。要想做成一家百年企业，需要在不同的政治体制、经济体制下，在不同的社会发展阶段有不同的布局，比如，我们的产品要有欧洲、美洲、中东、东南亚甚至非洲等市场的布局；制造型企业需要洞察大转移的周期，比如，近几年国内部分制造型企业向东南亚国家布局；需要顺应经济发展周期、产业发展周期和行业发展周期，做好全球化运营的布局。

我们所看到的德国百年以上的企业，绝大部分在快速发展阶段有全球化运营的布局，这给了我很深的感触——未来我们在中国做制造业，甚至各行各业，可能的一种业态是美国的技术、德国的品牌、意大利的设计，可能是在中国运营、在东南亚生产然后在全球销售。需要站在世界看中国，以全球化的眼光运营，通过全球化的布局平衡企业的各种风险。

打造好企业内部的精细化管理

为什么我们做制造业坚持个一二十年就不想再做了呢？因为我们的经营大部分靠老板个人去盯，靠亲戚朋友依赖信任去维系。这样能不累吗？在粗放式的管理模式下，组织没有活力，团队没有动力，优秀的人才进不来，不合格的人又出不去。从内部管理上说，就是企业组织管理模式没有建设好，流程没有标准化，人才梯队没有打造好，只能依靠老板个人去盯、老板亲自去管，经营企业变成了靠老板的体力。老板到了一定的年龄，在身体素质跟不上的时候，就会觉得很疲惫、很劳心，自然就不想干了。

经营百年企业需要打造好企业内部的精细化管理，包括企业的组织、流程、团队、数据信息化系统等，这是成为百年企业的根基。企业在发展到一定阶段时，必须深刻认识到精细化管理对持续发展的重要性。面对这一挑战,一是企业自我变革,这需要企业有强大的策划和执行能力;二是借助外力,如聘请像朗欧咨询这样的第三方专业咨询机构进行驻厂辅导,这样不仅能为企业量身定制解决方案,还能有效避免企业在自我摸索过程中可能遭遇的试错成本与时间的浪费,也可以节省老板的心力。

建立现代化的职业经理人制度

在民营企业特别是家族企业,老板往往是身兼数职,老板要搭班子、带队伍、抓管理、跑市场、懂技术等,企业的发展过度依赖老板个人的决策力、参与度。这个时候建立现代化的职业经理人制度就非常重要,这样的人才引进制度能很好地解决家族式管理用人不当的问题,简单来讲,就是由专业的人做专业的事。做百年企业,我们要优化公司的治理结构,建立现代职业经理人制度。比如,董事会制度、决策委员会制度、轮值制度、竞选上岗制度等,通过机制科学设计所有权、经营权、管理权和收益权等的归属,以达到自运行的状态。

除此之外,还需要建立健全企业的人才培养体系、价值分配机制。只有这样企业才不会过度依赖老板的决策力和参与度,只有这样才能提升经营成一家百年企业的概率。每一个人的黄金工作期就是那20年到30年,100年意味着什么?意味着至少需要三代人的努力,这三代人包括但不限于你的直系亲属,就如前面所讲的,有可能你的孩子不愿意接班,这个时候我们就需要有现代化的职业经理人制度。

| 企业的定力：定战略 谋经营 强管理

要有经营一家百年企业的信念

作为老板，作为企业家，要有经营一家百年企业的信念。所谓信念，即需要拥有经营百年企业的视角和坚定不移的决心。要相信"相信"的力量，要具备长期主义思维和遵循"531原则"。

具备长期主义思维，就是我们要站在未来看现在，它促使我们超越当前的局限，以50年乃至百年的长远眼光审视企业当下的每一个行动。秉持这样的理念，面对新常态与企业运营中暂时的困境，我们将能以更加从容不迫的心态去应对，视之为成长道路上的必经之坎，而非难以逾越的鸿沟。同时，当我们以百年为尺回望此刻，企业的战略规划、经营策略与管理模式便需经得起时间的考验，力求在历史的长河中稳健前行。

遵循"531原则"，就是看五年、想三年、踏踏实实干一年。一家百年企业，看20轮不就是100年了吗？想33次不就是百年企业了吗？一年一年做好，干上100年不就是百年企业了吗？要有长期主义思维，很多时候我们站在未来看现在，就不会被当前的一些短期困难吓倒，就会知道怎样静下心来，知道怎样用长期主义的思维来思考当下的一些决策。

将企业传承和财富继承分开、拥有全球化运营的思维、打造好企业内部的精细化管理、建立现代化的职业经理人制度、要有经营一家百年企业的信念，做好这五点有助于我们打造一家百年企业。同时，企业家要站在"一年一年做，做它100年"的哲学高度去理解"百年企业"。我相信，中国未来将有全世界最多的百年企业诞生，希望以上的分享能够为大家提供些许启发和帮助。

第八章
中国制造出海战略

中国制造出海的机遇

机遇一：全球供应链重构

很多制造型企业在招人的时候发现，近几年收到的很多应聘管理人员的工作简历中列出了其海外工作经历。等到面试的时候一交流才知道，其中很多应聘者是去了越南、泰国、印度尼西亚、马来西亚或者是非洲的某个国家。其实，这个现象背后的缩影就是全球的供应链正在重构。或许很多人认为这不是机遇，而是危机，但我想说，做企业不需要花时间和精力去讨论和抱怨既成的事实，而是应当积极地去应对变化，把握危机中的机会。外部的环境我们无法改变，不如先接受变化，在应对变化中成长。供应链的重构主要体现在以下三个方面。

①技术的保守化："技术无国界"的理念在不断淡化，"卡脖子"技术成为各个国家竞争和突破的主要方向。

②供应链的本土化：随着技术能力的提升和产业人才的丰富，主要制造业国家都在力争供应链本土化，对应的设备、材料、零部件都在推进国产替代，都在强调本土化。

③供产销的一体化：在全球供应链重构的大背景下，近些年单纯做贸易、单一制造和只做加工配套的企业活得越来越艰难，许多生产型企业开始打造品牌，建立销售渠道；许多销售型企业开始投资设立自己的工厂，单一制造型企业开始整体配套。供产销一体化是这十几年我与制造型企业深度打交道的过程中最直观的一个感受，也是眼见的事实。

面对这些主要变化，制造型企业应该有哪些应对和思考呢？

第一，关注供应链安全。

对于制造型企业整个供应链的安全，需要重点关注其稳定性和风险性。比如，如果你的企业生产要用到芯片，那你的芯片来自哪个国家？来自哪几家公司？你的关键物资供应链的来源渠道是什么？这些物资是否需通过复杂的国际物流，比如从泰国、印度尼西亚、越南或韩国、日本等地中转，最终抵达你的工厂，还是可以直接到达你的工厂？如果是需要兜圈子的，那是否需要在泰国、越南、印度尼西亚、日本或者德国建一个基地，或者增建一两个供应链渠道，以保证供应链安全？

中国的制造型企业经过几十年的高速发展，在技术研发、品牌建设、生产能力等方面都取得了相当大的进步，不再仅是一家OEM的代工厂，这需要我们关注并重视供应链安全，提前进行布局和预防。

第二，关注技术安全。

这个技术指的是真原创、真技术专利。2008—2018年，全球的大型展馆每年都有很多的展会，比如家具展、卫浴展、建材展等。到了展会以后，老板们很多时候并不在自己的展位上待着，而是去别人家的展位参观，搜寻那些令人眼前一亮、具有创新或市场潜力的产品，把那些觉得好的产品拍下来，回到工厂当作创新与研发的宝贵素材，从而打造出类似的产品。

比如，照片里某个产品是方的，就让设计师改成圆的，然后申请专利。曾经我就问一家家具厂的老板能不能多一些自己的原创，不然看起来像是抄袭。这位老板说道："张老师，我们这不叫抄袭，叫模仿式创新。我们在模仿中进步，在模仿中提升。"那个时候，这个模仿式创新可能确实也是一个发展的途径，但到现在，我们更应该关注原创技术的安全，原创技术才是企业最好的壁垒之一。如果你的企业真有一些核心技术，建议你们一定要做好保护，不管是从法律规范上，还是从保密上，都要做好最大的保护。

第三，关注渠道安全。

我们的视野需要超越单一的销售环节，全面覆盖研发、供应链、生产及销售的整个价值链。

具体而言，在研发环节，需要寻求国际合作，汲取全球创新资源，确保技术领先与产品差异化；在供应链环节，需要建立多元化的供应商体系，减少对单一来源的依赖，同时优化物流网络，确保物资流通的高效与安全；在生产布局上，需要考虑在全球多个战略地点设立生产基地，以灵活应对市场变化与地缘政治风险；在销售渠道环节，需要深耕细作，不仅要在传统市场巩固地位，更要在新兴市场积极拓展，形成全球覆盖、本地深化的销售网络。我们看到很多先锋企业逐步在世界几大经济体或几大阵营，比如欧盟、美洲、东南亚、非洲等区域相关国家进行了布局。

第四，全生命周期看待产业链。

很多企业在产品生产过程中，往往将眼光局限于物料进厂至客户验货合格这一狭隘环节。然而，从产品全生命周期的广阔视角审视，这一过程仅是漫长旅程中的一段。真正的全面管理，应是始于产业链的最上游——原材料源头，直至产品最终退出使用并妥善处理用户使用以后的"垃圾"的全过程。如果是药材，那从种子时就要开始关注，从土壤、水分、天气开始关注，从农民的生产作业方式开始关注，再到整个药材的加工、萃取、生产、销售，未来消费者的使用，以及使用结束以后的环节，比如用完以后的包装是怎么处理的。

在这个过程中去研究产品全生命周期的价值点，去关注你的企业在各个价值点上的契合度，这也是对于企业社会价值需要思考的内容。

机遇二：中国制造价值链位置迁移

经过几十年的发展，许多工厂在价值链"微笑曲线"中的位置已经发生了变化。原来有句话叫"东莞一塞车，全球就缺货"，那个时候在广东东莞，大部分工厂处于"微笑曲线"底部的位置，也就是负责产品组装和模块零部件的生产。当时，这些企业最主要的工作就是给大型的外资厂商做零部件的加工和组装。但现在，中国制造价值链的位置正在迁移，这也是一个非常大的机遇。对此，制造型企业应该怎样应对和思考呢？

第一，以全价值链视角去思考。

在价值链图——微笑曲线（见图8-1）里，一个制造型企业最高的利润或附加值不是在中间的底部位置，而是在前后两端的位置。要把产品研发与品牌和服务这前后两端"拉"起来，也就是说，要站在全价值链的视角去发展，而不是只盯着曲线的中间端获取一点微薄的利润。而且，在产品

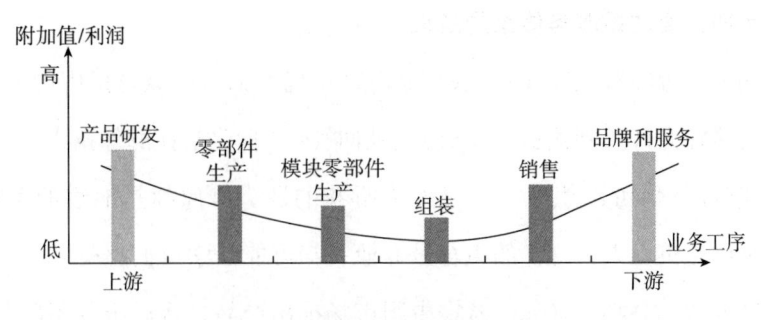

图 8-1 价值链图—微笑曲线

的不同发展阶段，或者在企业的不同规模阶段，你的价值取向点是不一样的，所以必须全价值链思考。

第二，加大研发的投入与品牌的建设。

做产品只能一阵子，做品牌才能一辈子。例如，美的早已不是当年那个只做白色家电的美的了，海尔早已不是那个只做冰箱、洗衣机的海尔了，三一重工也早已不是那个只做挖掘机的三一重工了。毫无疑问，它们都变了，它们现在是全品类的工厂、数字化的工厂，还能帮你完成数字化企业的建设，同时在做着软件的服务。其实这些公司都在不断地做着自己的品牌，形成企业的护城河。护城河越宽广、越坚固，竞争力就越大，别人就越难模仿和超越，所以我们要加大研发投入与品牌建设。

第三，要加强营销渠道的建设。

很多企业现在开始关注自有销售渠道的建设，从这一点来看，很多老板其实已经有了营销渠道建设的意识了，但对于传统的制造型企业，在方式方法和工具上，仍缺乏系统性，还是由具体的一单一单的业务导向牵着走。单体业务固然重要，但更重要的是营销渠道的整体布局，布局决定结局。企业的经营管理者，尤其是老板和高管，要从营销渠道建设的系统性上进行一些深度的思考，而不是简单的买卖。

第四，要注重服务体系的建设。

例如，曾经有人问我："我们做海外市场的话，应该是招中国人去做，还是直接在海外招聘人员？"当时我就回答："肯定是在海外招人，培养本土化团队。"你可以想象，如果你来听我的课，摄像师是地道的美国人，录音师则是英国人，这样的组合虽专业，却可能让学员们感受到一些距离感，甚至偶尔分心。又如，若在中国市场推出产品，售后服务团队却全是外国人，当这些外国面孔出现在消费者家中时，那份意外感或许会让顾客感到一丝不解或不适。这些生活实例生动地揭示了，在产品开发与市场布局中，本土化服务体系的建设是何等重要。服务体系的建设就是你要走到客户的身边，设身处地地为客户着想。从价值链图—微笑曲线中可以看出，产品服务是至关重要的，这块做得好，你的利润就可以产生相当可观的增加值，提升产品的附加值。

机遇三：中国制造全球化时代开启

自1978年改革开放以来，特别是2001年中国加入世界贸易组织（WTO）以来，中国制造业迎来飞速发展，我带领着朗欧咨询团队长期驻厂服务于制造型企业，同时为几十家企业提供服务，通过多年的深入研究与实战经验的积淀，我们深刻洞察并提炼出了中国制造业40年辉煌发展历程中的核心关键词，不一定精准，却是我和团队的真实感受。

短缺经济时代	产品升级时代	消费升级时代	战略升级时代
效率	品质	品牌	全球化
（1993—2003年）	（2003—2013年）	（2013—2023年）	（2023—2033年）

（1）短缺经济时代（1993—2003年）：效率

1993年，党的十四届三中全会通过了《中共中央关于建立社会主义市场经济体制若干问题的决定》，勾画了社会主义市场经济体制的基本框架。外资大量涌入，民营企业蓬勃发展。中国制造业在这 10 年间飞速发展，这个时间段的关键词是"效率"，"时间就是金钱，效率就是生命"。那个时候，市场需求旺盛，不管生产什么产品，只要生产出来，就能销售出去。也正是这 10 年，从产品数量和生产规模上奠定了中国"世界工厂"的地位。

（2）产品升级时代（2003—2013 年）：品质

中国加入 WTO 后，商品开始大量出口，走向全世界，这个阶段对中国制造产品品质的要求不断提高。这个时间段对于中国制造型企业来讲发展的关键词就是"品质"，也是中国制造产品品质提升的关键 10 年。中国制造从"粗制滥造"转向"精密制造"，产品品质开始赢得全世界消费者的认可。这背后是各行各业产业工人的技能成熟，以及生产工艺的优化和企业管理的升级。

（3）消费升级时代（2013—2023 年）：品牌

在这个 10 年，中国制造竞争开始越来越激烈，特别是同质化的竞争，倒逼企业开始进行品牌建设，这个时间段对于中国制造型企业来说需要注意的关键词就是"品牌"，像"华为""汤臣倍健""恒洁卫浴""梦天木门""欧派家居""认养一头牛"等是这一时期中国民营企业品牌的杰出代表。越来越多的民族企业和本土企业开始注重品牌建设，开始感受到品牌建设给企业带来的红利，并不断地加大品牌建设投入。

（4）战略升级时代（2023—2033 年）：全球化

随着世界政治经济格局的不断变化，我认为，在 2023—2033 年这个 10 年，中国制造的关键词应当聚焦在"全球化"上。著名财经作家吴晓波

| 企业的定力：定战略　谋经营　强管理

将 2023 年称为中国企业出海的元年，朗欧咨询服务的许多客户也在谋求出海之路，许多企业在布局和落地企业的全球化运营，不断地根据企业战略的调整、产业的走向和行业的发展建立海外生产基地和海外销售渠道。

当管理变成基本要求，战略和经营就显得尤为重要。中国制造全球化时代已经开启，不走出去，家就是你的世界；走出去，世界就是你的家。中国制造从现在开始要注重全球化的布局，全球化包括哪些方面呢？我认为主要包括三个"输出"、三个"贴近"。

三个"输出"：制造能力的输出、技术能力的输出、产业人才的输出。

我们看到，到东南亚去办工厂的中国企业家越来越多，其实这就是制造能力的输出。中国的很多企业去国外办厂，会根据不同的行业和产业，选择不同的国家，然后去布局，这个时候企业的技术要跟着输出，企业的部分工作人员也要跟着去，这就是技术能力和产业人才的输出。这些输出不是单一性的输出，而是系统性的输出，例如一个主机厂商迁移，这个厂商的上下游企业、技术、人才都会跟着迁移。

三个"贴近"：贴近供应链少物流、贴近市场做服务、贴近地缘少风险。

贴近供应链少物流。特别是做产品配套供应的工厂，当客户将生产基地布局拓展至海外并设立工厂时，我们需要敏捷式配套、敏捷式反应，否则就会失去为这个客户配套供应的机会和资格，因为制造型企业对物流和服务时效性的要求是很高的。

贴近市场做服务。中国制造全球化销售，特别是自有品牌的产品销售，一定是贴近市场，为客户进行全方位的服务。对于一个产品特别是消费品，产品服务有时候比产品本身还重要。这个时候就需要建立能够满足消费者需求的服务体系，及时解决消费者的痛点问题，如此才能获得消费者的信任，才能为品牌加分，才能在激烈的竞争中获得一席之地。

贴近地缘少风险，这里涉及地缘政治风险。现在地缘政治的矛盾是很突出的，早期许多中国企业出海可能是因为资金配额的问题，现在企业主们要考虑的是"关税的问题"。这些需要根据自己企业所处的行业进行一些思考，并且需要花时间去各个目标国家进行实地调研。从产业看行业，从行业看企业，仔细研究，细分才能对口。

中国制造出海的五项准备

中国制造出海势在必行，但简单依靠"中国模式"就能顺利出海吗？政治经济体制不同、语言文化背景不同、政策制度不同、市场环境不同等都是中国制造出海所面临的挑战。具体来说，出海会面临语言沟通的障碍、团队打造的焦虑和法律法规问题等挑战，所以企业在出海之前必须做好一些准备。

准备一：实地调研考察

企业想要出海，老板和高管要去实地调研，多了解才能少误解，多体证才能少犯错。

在当下，企业老板和高管每年都要花时间出去走走，最好在海外待一段时间，到不同的国家去看商业机会、看经济政策、看产业发展情况、看行业市场前景、看伙伴企业的落地实况。甚至有的时候需要企业家跳出现有行业的思维框架，从商业运营的高度去看，突破局限，以商业的眼光去看百业的发展，当然这需要深度了解和融入，必须谨慎。"眼要远，脚要勤，手要慢"是当下企业老板和高管的应有状态。

| 企业的定力：定战略　谋经营　强管理

　　企业出海应出于产业需要、行业需要和企业长期发展需要。如果企业寄希望于出海来帮助解决人工、环保、土地等成本问题，说明这个企业在国内的竞争力本身就不高。如果需要靠出海解决一次性投入成本、合规成本和一些变量成本问题才能生存和发展，我反而建议不要轻易出海，因为就算出去了，被淘汰也只是时间早晚的问题。

　　有些企业老板走出去后，看到国外的税收政策好、关税低、土地成本低、人工成本低、环保成本低就想马上在国外投资建厂，若企业仅因海外运营成本略低这一单一因素就考虑出海，那我建议应持谨慎态度，不宜轻易迈出这一步。因为政策也好、成本也罢都是不断变化的，而且变化得很快。像越南现在很多大型园区每亩工业用地成本已经上升到40万元至60万元，相当于中国许多一线城市的工业地价。土地价格攀升，当地的人工工资也会不断攀升。

准备二：提前进行全球合规体系的建设

　　如果你觉得你的企业在未来可以成为，或想要成为一家全球化的企业，那从现在起就要着手建设全球合规体系，包括企业的专利技术、相关产品的全球化政策法规要求、全球化的合同合约，对于这些范本企业需要提前做好准备。从现在起就开始重视全球合规体系的建设，特别是要保证供应链的合规。中国制造已经在走向全球，而且未来一定会更加深入，制造型企业要想抓住这个机遇，就要提前开始布局，提前规划全球合规体系建设，不要机遇来了，却因为产品合规或认证等问题而错失机会。

准备三：全球化人才的储备与培养

　　企业的全球化，核心是要有全球化的人才。全球化人才的培养不是简单地从语言的角度考虑，不是招个会英语、越南语、泰国语的人就可以了，而是要人才的本土化，要培养当地的人才，切忌全部派现有企业的人过去，最多派几个核心人才即可。短期可以多委派一些现有员工，长期来看团队必须本土化。可以和当地的高校洽谈合作进行定向委培，也可以招收本地员工进行培养。我去越南工业大学考察的时候就发现，富士康在十几年前就与当地学校达成了人才定向委培的合作。也可以在海外项目启动的时候，同步招聘"当地人"来国内正在运营的企业进行岗前定向培养。

随着制造业的全球化发展，未来你的员工可能不只是在中国的各地区办公，也可能在其他国家办公，若频繁要求核心员工在全球各地奔波，不仅会导致企业运营成本大幅上升，还可能对人才的稳定性与职业发展造成不利影响。更为关键的是，这种做法难以确保团队能够因地制宜地持续创造价值，因为每个国家和地区的市场环境、文化习俗及消费者需求都各具特色，这个时候要注重全球本土化人才的储备和全球化人才的培养。

准备四：研发基地、销售基地与生产基地的分离

一些企业在全球化趋势下构建企业生态，或者全国性地搭建整个产业链、价值链，或者做技术研发、营销品牌的投入，这类企业正在进行研发、销售基地与生产基地相分离的布局。前文提到，一家全球化企业未来的状态可能是美国的技术、德国的品牌、意大利的设计，可能在中国运营、在东南亚生产然后在全球销售。

企业如果不出海，就在中国，大概率是在北京、上海、广州、深圳等地建设研发和销售基地。因为这些地方是大城市，大城市存在"虹吸效应"，能够将周边城市、中小城市和二线、三线城市的资源要素吸引过来，能吸引人才，也能留住人才，而且大城市本身便具有高校资源丰富、人才

众多的优势。但是制造型企业的生产基地往往是在大城市的周边地区，现在多迁移至中西部地区，那么，不可避免地，销售和研发基地会与生产基地分离。现在国内越来越多的企业正在如此布局，主要有三个目的：一是为客户提供更好的服务，二是可以吸引稀缺人才，三是运营成本最优化。

准备五：集团总部职能的打造与数字化建设

一家全球化运营的企业必须重视总部职能的打造。企业总部的职能既包括供应链、财务、成本管控等，也包括整个物资物流体系的监控，总体来说，就是人流、财流、物流的管控。总部管控职能建立起来后，还需要利用数字化系统工具来打造组织记忆，对此在我的《组织才能管好人》一书中有详细的阐述。这就需要在中国现有企业里提前进行企业的数字化建设，只有这样才能让全球的各个工厂、各个部门各司其职，并且顺畅地互动和流通起来，共同协作，降低企业管理成本，提升企业运营效率。

中国制造出海的六个原则

近几年，朗欧咨询辅导的客户中不断有企业走向海外兴业建厂，我每年也会带领中国企业家出海到越南、德国、日本、印度尼西亚、泰国等制造业国家了解当地的营商环境、投资政策。在这个过程中，我不仅调研了众多企业出海所面临的挑战与机遇，还初步梳理出出海前需精心筹备的各项工作，我把其中的注意事项总结为中国制造出海的六个原则。

原则一：企业出海比产品出海更重要

企业是一个经营主体，许多企业一想到出海，首先想到的就是把现有的产品卖到海外，多做一些销售。但因为地域文化不同、客户需求不同、消费者习惯不同，单纯靠现有的产品"走出去"不一定是最优的选择。企业出海比产品出海更重要，是指企业这个经营主体出海，而不是简单的产品出海。企业出海依托的是现有的技术功底，产品则要因地制宜，全球化运营。

传音手机自创立之初就瞄准了手机普及率极低的非洲市场，非洲拥有庞大的人口基数和巨大的市场潜力。传音手机通过"降维"发展策略，将中国手机技术和资源带到非洲，市场份额几乎占领了整个非洲。传音手机针对非洲市场的特殊需求，如长续航、强信号等，进行了产品设计和功能定制。同时，还根据非洲用户的自拍需求，优化了摄像头功能，解决了非洲用户的自拍困扰。传音手机还积极拓展东南亚、拉美、中东、东欧等新兴市场，进一步扩大了品牌的全球影响力。

原则二：组织能力出海比团队出海更重要

组织能力出海相较于单纯的团队出海更为重要，是因为组织能力涵盖了更为广泛和深层次的方面，对于企业在海外市场的成功至关重要。同时，因为有系统性优势，在国内多年经营沉淀下来的组织能力可以在文化的适应性、持续创新能力、风险管理能力和品牌影响力等各个方面发挥作用。一个拥有强大组织能力的企业，能够更好地应对海外市场的挑战，实现全球化发展的战略目标；能够更好地协调资源、优化流程、提升效率，从而在国际市场上形成竞争优势。因此，企业在出海过程中应该注重组织能力的建设和提升，以应对全球化带来的机遇和挑战。

企业出海后还需要积极与当地的华人商协会进行接洽，遇到问题可以抱团，这也是获取资讯的一种很好的方式。在海外，对于许多资源的对接、政策的发布与解读，当地政府在多数情况下会优先与各种商协会对接，或通过各种商协会对外发布和解读信息。

原则三：管理能力出海比渠道出海更重要

在海外经营企业，不是简单的渠道出海，这不是说渠道出海不重要，短期来看，有业务、有盈利当然很重要。但长期来看，则需要企业拥有系统的管理能力，特别是远程管理能力以及总部管理体系的建设，并且要形成精细化的管理体系，不能像在国内一样依靠老板亲力亲为做管理，否则老板会分身乏术。一个好的管理体系才能让企业持续发展，让企业盈利得到组织的保障，从而持续创造价值。

原则四：园区的选择和配套比成本更重要

以东南亚国家为例，当地许多基础建设和配套不完善，甚至许多地方存在一个园区一个政策的现象，所以根据你的行业属性选择合适的园区很重要。同时，园区的配套也至关重要，需要根据企业所属行业的要求进行匹配，包括园区的交通情况、电力供应能力、污水处理能力、有没有天然气、有没有配套的员工生活区等。在海外设厂，园区的选择和配套比成本更重要。在园区里看起来各种成本都比外面要高，但企业在经营过程中更重要的是考虑运营成本，运营成本才是最关键、最重要的因素，不能仅从前期投入的角度局限地思考问题。

原则五：设备的先进和服务比价格更重要

现在的情况与中国制造业刚兴起时大相径庭，当年中国制造工厂的许多生产线是国外淘汰后流转到中国再利用，表面看起来是落后生产线的再利用，但本质是落后产能的国际化转移。中国制造型企业现在出海，需要的恰恰是新的、先进的设备，因为许多国家设备供应链不完善，设备的维护和保养很麻烦，一旦关键部件损坏，无论是从国内调配零件还是派遣维修人员，至少需要一周，甚至耗时更久，对于工厂来讲，这个损失要比设备的价差成本大得多。现在，许多企业在采购海外设备时，除了和设备供应商签订"购买协议"，还会签订更重要的售后服务协议。

同时我们在采购设备的时候，也需重视设备供应商的海外售后服务能力，这已成为与国内市场截然不同的关键考量因素。在海外设厂，设备的先进和服务比价格更重要。

原则六：产业链的完备比供应链更重要

在中国，其实有许多地方性产业，甚至在同一个地方不同的工业园区都有相对集中的行业，例如义乌的小商品、永康的五金、佛山的陶瓷卫浴、深圳的电子、中山的家具、顺德的电器等。在海外也是一样，不同的国家和地区所形成的不同的产业集群，本质上是产业链完备程度的差异。例如，柬埔寨的服装产业比较聚集，越南的电子行业比较聚集，印度尼西亚的消费品行业比较聚集，等等。企业要根据自己的行业特性，选择到产业链比较完备的国家和地区设厂，只有产业链上下游企业多，你的供应链效率才有保障，相关人才的密度才会更高，因此产业链的完备比供应链更重要。

中国企业家需要具备全球化运营思维，不走出去，眼前就是你的世界；走出去，世界就在你眼前。要从"落叶归根"思维向"落地生根"思维转变，勇于"剪掉脐带""分灶吃饭"，只有这样才能站在中国看世界，成就国际化企业。

第九章
卓越企业文化建设战略

什么是企业文化

　　企业就像一个磁场，如果磁场充满了负能量，再好的员工也会慢慢吸收负能量，变成一个"不听话、不守规矩"的"坏员工"；如果磁场充满了正能量，一些"坏员工"也会慢慢被感染，并最终只能做出两个选择：一是改变自己，二是离开这个磁场。这个磁场就是我们常说的企业文化，它似乎不可名状、不可言喻，但又不可或缺，它无时无刻不在影响员工的思想和行为。从企业战略的视角，站在未来的角度来看，企业文化不可或缺。我在《组织才能管好人》一书中从管人的角度讲到了文化管人的优势和局限。

　　企业文化，或称为组织文化，是一个组织由其价值观、信念、仪式、符号和处事方式等组成的特有的文化形象，简言之，就是企业在日常运作中所表现出来的方方面面。这个是通用的定义，经过多年的管理实践和体悟，我也给企业文化做了一个定义：企业文化就是企业里每一个人内化于心、外化于行的综合特征，以及所有"物化"的呈现。

企业文化体现在员工的思想、行为上，甚至体现在员工的起心动念处。"物化"，是指将企业文化融入企业的产品、标语、装修设计风格等方面。具体来说，就是在企业里，所有人心里是怎么想的，即他的起心动念体现着企业文化，他的行为也体现着企业文化，甚至企业办公楼的装修、办公室的设计也体现着企业文化。

像很多互联网公司，领导和员工都是在大厅办公，其实这就体现了扁平化管理、开放的企业文化。一般来说，从地理位置上看，越往北方的企业，老板的办公室是越大的，而越往南方的企业，老板的办公室是越小的，这是南北方企业文化的差异。很多时候我们一踏进企业，看到企业的布局和装修，就能从这些物化的维度感受到这个企业的文化。

例如，在管理规范的企业，每到发工资时，员工讨论的是"你到了哪一级"；而在管理粗放的企业，每到发工资时，员工讨论的是"你拿了多少钱"。两者有着本质的区别，前者引导员工关注付出，员工知道收入是跟职等、职级挂钩的，我要高收入，那我得努力提高自己的技能，提高自己的效率和产品良率，这样才能往更高的职等、职级发展；而后者关注的是结果，对比的是得到。这是两种不同的企业文化，体现在员工的言谈举止上。

企业文化建设的五大目的

目的一：员工需求发生变化，精神需求越发重要

如今，员工的需求已经发生了很大的变化，他们不再仅追求到手的工

资，在工作过程中的精神需求也表现得越来越明显。10年前，广东的企业给员工提供宿舍、食堂就能满足其附加需求；10年后的今天，企业还要给员工提供丰富的文化活动，让他们有精神上的享受，以及才艺展现的机会，像元旦晚会、生日会、集体旅游等。本质上，这些都属于企业文化建设。

目的二：有利于公司制定长期的发展战略

企业文化对公司制定长期发展战略具有积极的促进作用。企业文化是在企业发展过程中长期形成的、为全体员工所认同并遵守的价值观、信念、行为规范和经营理念的总和。它深刻地影响着企业的各个方面，包括战略制定、组织行为、员工态度以及企业的对外形象等。

目的三：文化传承可以帮助企业统一发展战略

企业文化一旦形成，就不容易丢失。企业的使命、愿景、价值观等都是企业文化的一部分，它可以在战略偏离轨道的时候把它拉回正轨，回归初心，方得始终。

目的四：帮助企业吸引和留住人才

一个好的企业文化，可以让员工有归属感，可以使员工人尽其才，让每个人都有发展的路径和展示的平台，让每个人都能得到自己想要的，如工资的回报、精神的愉悦、福利的享受等，这样的企业，谁都愿意为之奋斗。同时，好的企业文化能帮助员工找到自己的位置及归属感，能够给员工带来荣誉感，帮助他们实现人生的价值，从而帮助企业吸引和留住人才。

目的五：企业文化是品牌传播的最好方式

我在2017年出版的一本书——《管理是蓝海》里讲到，企业营销有一个路径：机会营销—关系营销—产品营销、服务营销—文化营销。

许多企业最初的营销靠的是机会、关系，也就是机会营销、关系营销。关系营销是把营销活动看成企业与消费者、供应商、分销商、竞争者、政府机构及其他公众发生互动作用的过程，其核心是建立和发展与这些公众的良好关系。维护好了关系，订单就不愁了，企业也就发展了。到后面过渡到了产品营销、服务营销，靠产品和服务给消费者提供的价值说话，未来我们可能是文化营销了。现在一定要意识到，保证产品的质量和交期已经变成消费者的基本需求，即便你有再大的关系网，但产品质量不合格，满足不了消费者的交期需求，又有谁会买你的产品？消费者可能连投诉都懒得投诉，直接用脚投票，下次不买你的产品了。

企业最好的营销方式是文化营销，有文化底蕴的品牌更能被消费者接受。因此，很多企业注重文化的植入，赋予产品文化内涵，让本来同质化的产品脱颖而出。现在越来越多的企业，在企业宣传、产品发布时会在宣传片中植入企业文化，甚至会花重金请传媒公司拍摄情景短剧式纪录片来宣扬企业文化。

企业文化建设的六个方面

方面一：确定企业的使命、愿景和价值观

企业使命是企业存在的根本目的和理由，它定义了企业为什么存在，

| 企业的定力： 定战略　谋经营　强管理

以及它希望通过其业务活动实现什么样的社会或经济贡献。使命通常涵盖企业的核心业务、目标客户群体以及企业希望解决的社会问题或有待满足的客户需求。

企业愿景是企业对未来的展望和设想，它描绘了企业期望在未来达到的成就和状态。愿景通常包括企业长期的发展目标、市场地位、竞争优势以及对企业和社会产生的积极影响。

企业价值观是企业所信奉和推崇的基本信念和行为准则，它体现了企业的文化和精神风貌。

对于使命、愿景、价值观，在创业初期，我们可能觉得不重要，但经过几十年经济的发展，处于稳定发展阶段的企业，甚至是现在新成立的企业都应当由创始人带领团队确定使命、愿景和价值观。简要来讲，使命就是干一件什么事，愿景是干成什么样，价值观是怎么干。

企业的使命、愿景和价值观共同构成了企业文化的基石，它们相互关联、相互支持，共同推动着企业的持续发展。一个清晰的企业使命能够激励员工，帮助企业在复杂多变的市场环境中保持方向感和一致性；一个富有吸引力的愿景能够激发员工的热情和创造力，推动企业不断向前发展；一个和谐的价值观有利于企业内部员工共同遵守规范，有助于企业与外部利益相关者（如客户、供应商、合作伙伴等）建立良好的合作关系。

方面二：设计和开展主题文化活动

主题文化活动包括品质文化、服务文化、品牌日等。比如，有的公司出了一个重大的安全问题，为了引起全体人员的重视，就会把那一天定为公司安全教育日。

海尔砸冰箱的故事流传至今，其实这就是海尔品质文化的体现。1985

年，时任厂长张瑞敏听说用户反映海尔冰箱存在质量问题，非常重视，在给用户换货后，马上安排人员对库存的所有冰箱进行检查，结果400多台冰箱中76台有质量问题，虽然不影响冰箱的制冷功能，但张瑞敏还是决定将这些冰箱当众砸毁，并提出"有缺陷的产品就是不合格产品"的观点。制造型企业也要注重这些主题文化活动的策划、开展。

方面三：开展文化生活活动

前面讲到的主题文化活动，主要围绕的是公司的产品和服务等，这里说的文化生活活动，顾名思义，就是员工生活里的文化，包括定期的员工生日会、谈心会、团建活动等。通过共同参与生日会和团建活动，员工之间有机会在非工作环境中相互了解、交流和合作，有助于打破部门壁垒，促进部门之间的沟通与合作，从而增强整个团队的凝聚力。让员工感受到自己是公司大家庭的一员，感受到被重视和尊重，感受到公司文化的魅力和团队的温暖，进而提升员工的归属感和忠诚度。

文化生活活动的开展，还可以缓解员工的工作压力，激发员工的创造力，提升员工的满意度。

方面四：开展管理文化活动

管理文化活动，包括总经理见面会、民主生活会、高层沟通会、金牌员工见面会等。

曾经一位山东的企业老板讲到一个困惑，他说："张老师，我们企业现在有15亿元到20亿元的年产值规模，对于全厂一两千名员工，特别是当年跟我一起创业的那些员工，从情感上讲，我是真的很感谢他们，但从精力上说,我现在可能一年都跟他们见不了一次面,因为实在是太忙了。我该怎么做呢?"

对此,我提了一个管理文化活动的建议,由人事行政部组织。我跟他说:"可以开一个金牌员工见面会,人事行政部根据老板的时间来安排。每年抽一个时间,让这些从创业就跟着你的,哪怕现在还在车间工作的工人,跟你一起吃一顿饭,并且可以形成一项制度。例如,在公司做满20年的员工,不分职务,每年可以跟董事长吃顿饭;在公司做满15年的员工,不分职务,每两年可以跟董事长吃顿饭;在公司做满10年的员工,不分职务,每三年可以跟董事长吃顿饭……"当然,具体措施可以根据每家企业不同的情况而定。

这就叫组织情感的打造。具体来说,组织金牌员工见面会有这样几个好处。

第一,可以节省老板的心力,老板不用老是惦记,而是由公司人事行政部安排,人员档案、入职时间都是明确的,不用老板操心。

第二,可以形成一种文化,规则清晰,不会出现员工认为老板偏心的情况,同时有一个正向的引导——老板善待老员工。无论你是高管,还是一线的员工,老板都是很重视的,这叫等距离,一视同仁,没有忘记任何员工。

第三,这些跟着老板创业到现在的员工,有的可能已经做到了管理层,有的可能还是一线员工,他们坐在一起本身就有一个对比的作用,能形成一种 PK 的氛围。

久而久之,会形成一种非常良性的企业文化,而且是企业专属的文化,这种文化有利于打造团队超强的凝聚力。

方面五：设计文化建设的载体

企业文化是需要载体的，如果我们只是天天嘴巴上讲文化，这就叫海市蜃楼，虚无缥缈，只是想象得很壮观，实际上员工无法真正感知。企业文化载体，是指以各种物化的和精神的形式承载、宣传企业文化的媒介和传播工具，它是企业文化得以形成与扩散的重要途径和手段。具象化来说，企业文化的载体可以是企业宣传片、企业歌、企业自媒体、企业杂志、企业书籍等。

在我的《组织才能管好人》一书的推荐序中提到："不想写书的老板不是好老板。"听起来好像有点儿绝对，但其实他想传递的信息就是企业要注重文化建设载体的设计，而书籍是企业文化传播的一个很好的载体。假设你是做铸造的，你可以想象一种场景：一个大客户来到你的办公室，然后你跟他说："我送您一本书，这是我今年写的，里面是我对铸造行业的一些理解，请您雅正！"这一下就拔高了你的企业在同行业中的高度，增加了产品的文化底蕴。你觉得这个时候客户还好意思跟你谈价钱吗？如果你是做化妆品的，你可以讲"这是我们对化妆品、对安全、对亚洲人皮肤的一些研究"。

我的分享皆源于自己的实践。以朗欧咨询为例，我之前写了两本书——《管理是蓝海》《组织才能管好人》，这两本书凝聚了朗欧咨询团队多年来对工厂精细化管理的体悟、智慧；我又作词演唱了一首歌曲——《相伴的力量》为工厂人加油，表达我及朗欧咨询团队对中国制造业的深厚情感。企业歌就是企业文化的一种载体，别人听到这首歌，就能想象到你的企业是怎样的。不管是怎样的企业文化，都需要以一定的形式去呈现，都需要载体。

方面六：文化形象的设计和统一

文化形象，包括企业的博物馆、厂房、文化馆、办公家具、员工服装等"物化"的呈现，现在很多企业非常注重这一块。

例如，汤臣倍健打造了"透明工厂"，在这里，每一瓶保健品的诞生之旅都被实际记录，从物料入库、存储、领料、生产、检验到销售等各个环节，全程可追溯。还有为参观者打造的营养探索馆、文化展览区、生命体验馆等，让参观者感受到汤臣倍健的诚信文化、匠心精神。又如，德国斯图加特的奔驰汽车博物馆记录了奔驰汽车100多年的光荣和梦想，通过参观博物馆，你可以看到奔驰汽车公司从最开始生产三轮汽车，一步一步做到今天这个辉煌的汽车品牌的历程，其实这就是奔驰想让你感受到的企业奋斗的历程，以及企业的文化。

企业文化建设的三大要点

要点一：文化活动的频率比内容更重要

文化活动的频率不是越高越好，而是一旦定了，就要长期开展下去。当然不是每天、每周或每个月都必须去办个什么活动，就像我的年度大课一样，我不可能每个月都去开这样的课，但一年一次的年度大课我是必须保证的。这是难得的跟企业家们见面的机会，我会系统地梳理、总结朗欧咨询在上一年驻厂管理过程中的一些经验和心得体悟。每年以固定的频率进行复盘、总结，久而久之，这也形成了朗欧独有的学习文化。在这个维度上，频率比内容更重要。

要点二：仪式感是组织赋能的体现

很多时候我们的生活、工作需要仪式感。文化活动其实就是营造一种仪式感。有些企业经常使用介绍信，其实就是组织赋能，比如要开会了，提前跟大家介绍一下这个会，写个介绍信。就像我们新任命一个人，要开个会，要颁发个任命书，要签一个责任状一样，这些行为的背后就是组织赋能。企业文化的打造要注重仪式感的塑造，仪式感的背后是组织的赋能。

要点三：文化记忆比文化本身的打造更重要

不能认为文化就一定是高大上的呈现，并不是企业一定要去拍个电影才叫文化，严格来说，这是做出来的文化。企业真正的文化是你每天怎么干的，内化于心、外化于行，形成组织记忆以后，它本身就是文化，或者把公司的发展历程、大事小事都记录下来，这也是文化。

很多企业也会搞这种历程记录，不管你是去参观海尔、奔驰博物馆，还是去参观大众汽车，这些企业都会告诉你，它们是如何从诞生之日的蹒跚起步，怀揣着远大的梦想与坚定的信念，一步步发展成为今天辉煌的品牌企业的。你所了解到的这些，就是它们的组织记忆、它们的企业文化。但还有很多企业不注重文化记忆的打造，那些看似平凡无奇的物件，比如企业的第一台设备，坏了就把它扔了，或被遗落在仓库的某个角落……其实这些物件承载着企业初创时期的艰辛与奋斗，是企业文化不可或缺的一部分。你不重视，它就是一台没用的机器；你重视起来，它就是企业文化的记忆载体，这比文化打造本身重要。

重视文化记忆的打造要求企业家善于讲自己的故事，不断地在工作、生活中挖掘最鲜活、最原汁原味的例子，巧妙剪裁、灵活运用，讲自己的故事才有说服力，讲自己的独特生命体验才具有强大的感染力。

将企业的历史片段、重要事件、标志性物件等保存下来，并系统地形成记录，这些记录便自然而然地成为企业的文化。比如，老板每次开会的讲话，记录下来再整理好就是企业的一种文化。我有个习惯，我讲的所有东西都会录音录像，到我讲课的时候，我就会看看去年的录音录像，对比一下，哪些讲了、哪些没讲，哪些讲多了、哪些讲少了，所以，你会发现每年我的大课都有创新的内容。好多企业老板或高层每年都来听我的年度大课，我不可能每年都讲同一个PPT。

从小事做起，注重记录与整理，是构建企业独特文化的基石。记录好你的讲话，整理好每次会议记录，坚持做下去，你会发现你的企业不缺独特的文化。

卓越的企业文化就像春雨，随风潜入夜，润物细无声，巧妙地影响着员工的思想和行为。每家企业都要经营好自己的文化，对内可以凝聚力量，对外可以彰显精神。

经营篇
经营保障盈利能力

第十章
企业经营的定义和目标

企业经营，是指企业在物质生产和商品交换的经济活动中，做好市场调查与预测，选定产品发展方向，制定长期发展规划，进行科学决策，从而完成预定的经营目标的过程；是指以企业为载体，企业经营者为了获得最大的物质利益而运用经济权利，用最少的物质消耗创造出尽可能多的能够满足人们各种需要的产品的经济活动。

企业经营的定义，让我们对企业经营有了一个初步的了解，但定义只是辅助，只是一个初步的认知，是理论和概念。更重要的是，我们怎样一层一层、一步一步地抽丝剥茧，去深刻理解其内在的本质，从而掌握企业经营的方法和技巧，实实在在地帮助我们经营好一家企业。

从对经营概念的理解可以发现，企业经营主要有以下五个目标。

第一，利润最大化。

利润最大化是企业经营最基本也是最重要的目标，利润是企业能够持续经营的核心，反映的是企业的盈利能力和实际效益。需要在经营的过程中制定切实可行的经营目标，优化资源配置，降低运营成本，提升经营业绩，达到成本最优化。从实际经营的结果来看，需要关注企业的利润率和利润总额，利润率反映的是企业经营过程中的管理能力和水平，利润总额反映的是运营能力和水平。这里的利润最大化指的是良性的利润最大化，是良性经营和有效运营带来的结果，不是投机取巧、偷工减料等带来的利润最大化。

第二，客户满意度。

提升客户满意度也是企业经营不可忽视的目标。客户是企业的生命线，企业只有满足客户的需求和期望，才能赢得市场，提升竞争力。在企业经营的过程中，需要从产品质量、客户服务等方面切入，甚至与客户共同成长，参与到客户的产品研发、用户研究等方面的工作中，用时间去证明，培养忠诚的客户群体。同时，企业需要学会管理客户，与客户保持频繁的沟通和互动，做到同频共振。

第三，用户受益度。

用户受益度是这两年多来我提醒企业家在经营过程中要关注的重点。在企业经营的过程中要将客户和用户分开来看，客户是从商业角度而言的，是企业和消费者之间的连接者；用户才是产品最终的消费者。我们需要从产品技术、用户体验的角度提升企业的产品力，让用户受益才是市场竞争力的关键。与客户联动，共同努力，满足消费者需求是企业经营的关键。

第四，员工满意度。

员工是企业宝贵的资源，员工满意度是企业管理的"晴雨表"，是企业经营的幸福指数，是企业团队精神的一种参考。企业在经营的过程中要注重员工培训，更要关注员工发展，提升员工的技能和素质，增强团队的凝聚力和领导力。这不仅有助于提升员工的工作效率和创新能力，也有助于促进企业的长期发展。保证和提升员工的满意度要成为企业经营的重要目标之一，不是简单的口号和表面上的福利满意，而是要让每一位员工都有更高的追求，能够实现职业理想。

第五，社会责任。

现代企业经营越来越注重履行社会责任，包括环境保护、参与公益事业、依法纳税和技术变革等。企业通过履行社会责任，可以树立良好的社会形象，增强品牌影响力，提升知名度和社会认可度。

从我经营企业及带领团队给300多家制造型企业做咨询服务的实战心得来看，想要实现企业经营的目标，必须做好以下三点。

第一，做正确的事，方向要正确。

作为企业老板或企业高管，经营一家企业首先要准确把握经营方向，所做的事要符合经济周期、产业周期和行业周期。

从产品端来说，经营企业要以客户为导向，以用户为根本，要满足客户要求，洞察用户需求。需求决定着商业逻辑，商业逻辑决定着盈利模式，所以洞察需求很关键。但我们不能简单地把客户要求等同于用户需求。

朗欧咨询服务的一家食品厂是做烘焙类食品的，做得很大，产品品类也很多，在烘焙行业是非常成功的。曾经有人质疑："这个企业的产品比较普通！"该企业老板听闻后说道："你所看到的普通产品就是我们的王牌产品，就是被大众接受的普惠型产品。"这个老板心里很清楚，他的产品是满足某一类用户，而不是满足所有人的愿望、需求。目前该企业已经成功上市，并且越做越好。

只有找到精准的需求，才能正确地定位产品、解决问题，让用户受益，让客户满意。

第二，走正确的路，路径要明确。

方向明确了，企业经营必须明确达成经营目标的路径，包括产品销售渠道的明确、供应链体系的完善、产品研发的投入、品牌体系的建设和高绩效团队的打造等，并根据市场变化、技术进步等因素，不断优化路径图。

第三，结正确的缘，团队要精强。

松下幸之助先生提出"经营即教育"的理念，并认为每家企业都是一所学校。企业经营需要打造一个学习型组织，领导者自己也要不断学习，才能结识同频的人，并能与团队成员同频。关注团队成长，重视团队培养，然后在每一天的工作中持续地精进，让团队成员成为精兵强将，只有这样才能有一个好的企业人才梯队。

第十一章
企业经营的八大陷阱

　　企业在经营的过程中会遇到很多问题，在解决问题时，如果没有找到根因，一不小心就会掉进各种陷阱。比如，过度迷恋商业模式而忽略企业管理、在升级转型中急于求成或一知半解、盲目追求企业规模和快速增长等。这些陷阱对企业经营造成的损害很大，但其常常披着"为了企业生存和发展"的外衣，不易被发现。这样一来，所谓战略布局，可能会变成孤注一掷，最后以失败告终。当你发现的时候，可能为时已晚，因为企业作为一个组织，有其组织惯性，特别是制造型企业，有资产重、规模大、人员多、投资回报周期长等特点，每一个错误决策的成本都很高。我10多年来带领朗欧顾问团队，为300多家制造型企业提供了驻厂咨询服务。在工作过程中，与1000多位企业老板和数以万计的企业管理者进行了深度的交流。我总结了企业经营过程中的八大陷阱，这八大陷阱具有一定的共性，也是许多企业在经营过程中常遇到的问题，大家可以提前了解，时时对照，及时调整。

商业模式的陷阱

商业模式是创业者创意，商业创意来自机会的丰富和逻辑化，并有可能最终演变为商业模式。其形成的逻辑是，机会是经由创造性资源组合传递更明确的市场需求的可能性，是未明确的市场需求或者未被利用的资源或者能力。

商业模式这个概念第一次出现在20世纪50年代，直到20世纪90年代才开始被广泛使用和传播。在中国改革开放的前三四十年，投资界的"独角兽"企业越来越多，用一个PPT、一个故事、一个创意就能吸引几千万元、几亿元、几十亿元的投资。这也让"商业模式"这个概念成为挂在创业者和风险投资者嘴边的一个常用词。其实，那个时候靠商业模式能够成功是基于一个大的时代背景，那时正处在改革开放初期，物资短缺、信息不透明、商业竞争不充分。但这么多年过去，现在各行各业的商业模式已经成熟，资本市场已经变得空前理性，因此，经营企业要放弃幻想，回归常识，不烧钱，做利润。在信息扁平化、竞争充分的当下，我们会发现，商业模式创新的时代已经过去了。

当下，如果有人告诉你"我发现了一个很好的商业模式"，可能你要对他所说的话再三斟酌。为什么？在当下如此"内卷"的年代发现了一个新的技术，无论怎样都要打个问号，要经受多方的验证，才有可能被证实，更何况是一个新的商业模式。在当下信息高度透明、全球扁平化的时代，人与人、国与国之间的交往日益密切，很难有什么新的商业模式没有被发现。

商业模式创新的时代已经过去已成不争的事实，而且应当成为创业者和企业家的共识。面对快速变化的商业环境，企业需要回归商业的本质，回归价值和服务，极致的产品和服务才是最好的商业模式。现在能看到的、在激烈的竞争中能够脱颖而出的行业和企业，一定是在产品和服务上做对了什么。因为它提供服务，产品本身体验好。例如，在快节奏的工作环境中，上班族已经没有太多的时间自己做饭。一些商家根据消费对象、使用方式和菜品特点提供多品种的预制菜，如"家庭预制菜包""一开即食型菜包""湘菜系列菜包"等，很好地满足了消费者的需求。所以你的企业要想加入预制菜的赛道，想要冲出重围，最根本的还是要菜品好、味道好、物流及时，让消费者体验感好。如果你的企业是生产五金件的，那么产品就要制作精密；生产门的，就要让门安装以后没有缝隙，开合轻巧；做油漆的，油漆不仅要好看，还要环保，不影响人的健康；等等。无论生产什么产品或者提供什么服务，一定要回归价值，要保证产品和服务持续地产生价值。特别是制造型企业，产品和服务就是企业的生命线，要想在未来获得长足的发展，必须提高产品质量和服务质量。

所以，我们一定要更多地强调产品和服务，这比商业模式要靠谱得多。

转型升级的陷阱

20世纪90年代初的"第二次工业革命"战略，强调从劳动密集型工业向技术密集型工业转型，推动"数量型"经济向"质量型"经济转变，这其实就是转型升级概念的雏形。"十二五"规划纲要中明确提出"推动战略性新兴产业的发展，加快传统产业的转型升级"，"转型升级"成为一个施政纲领，同时成为企业老板们津津乐道的话题。

| 企业的定力：定战略　谋经营　强管理

　　转型不一定要转行。很多企业老板经常跟我抱怨说"这个行业太难干了"，当各行各业的老板都和我这么说的时候，我发现其实这就是"围城效应"。行业外的人想"进来"，行业内的人想"出去"。行业内的人总会错误地认为别人所处的行业是"蓝海"，而自己所处的行业是"红海"。不排除因为经济周期、产业周期和行业周期，有一些行业在特定的时间段确实会有一些机会，但从长远来看，没有哪一个行业是永远的"蓝海"。特别是在如此"内卷"的当下，可以说，没有哪一个行业、哪一个企业轻轻松松就能经营好。"挣快钱"的时代已经过去，"挣慢钱"才是常态。

　　曾经有位工厂老板跟我开玩笑说："张老师，我们太难做了，还是您这个咨询行业好做。"我笑了笑说："欢迎加入，但以后别怪我。"现金流、轻资产、预付款这几个要素一相加，看起来我所从事的管理咨询确实很好做，实际上，这恰恰是较不好做的。如何获得客户信任就是最大的问题，之所以很多人认为朗欧好做，是因为我带领整个团队用了十几年的时间，打磨出了能够帮助工厂解决实际问题的咨询产品，有几百家制造型企业成功的案例，打造出了一支优秀的咨询师队伍，才形成一个驻厂咨询的品牌，才有今天看到的欣欣向荣。现在要成立一家咨询公司很简单，但想要运营起一个新的咨询品牌，没有十几年的沉淀，几乎是不太可能了。咨询行业如此，其他行业其实也差不多如此。

　　如果现在有一个朋友跟你说可以投资一个"蓝海"行业，只有两种可能：第一，你不懂这个行业；第二，要么他被骗了，要么他想骗你。许多企业已经成立了十几二十年，我们朗欧也经营了十几年，我们所有的资源和能力都集中在这个行业，每个人的认知边界、能力边界等其实是确定的。如果你的企业不是大型的集团公司，抑或你没有相当大的资本可以去做职业投资，还是应当把主要精力放在当下正在经营的企业里，把心力放在自己熟悉的领域，把时间花在自己的专业领域上。

曾经有一位企业家好朋友潘总跟我分享说："从商20多年，真正能够获取利润的生意还是自己努力付出的项目，原来我一直想逃避的工厂，才是我最好的归宿。"他为什么这么说？因为潘总靠做工厂起家，后面完成了资本和能力的原始积累以后，去外面做投资、做其他的产业。几年时间，兜兜转转，最后发现还是做工厂细水长流，利润虽然很薄，但是源源不断，没有大起大落。企业转型需要在经营方向、经营策略和组织构建上下功夫，不能以转型之名掩逃避之实。

升级要切合实际。企业升级的传统路径无非技术升级、产品升级、品牌升级、管理升级等，其中除管理升级贯穿着整个企业的发展，是可以持续做的工作，而且没有太大的风险外，技术、产品和品牌的升级都需要投入巨大的资金、人力等成本，而且不一定有结果上的保证，所以我们在升级的过程中要做好以下四点。

第一，深入了解市场趋势和把握消费者的需求。

市场是瞬息万变的，但在变化的过程中有一些规律可循。需要洞察市场一线的真正需求，只有这样才能避免决策失误。

第二，明确升级的方向。

在企业发展的不同阶段，对升级的方向重点关注的点不同。例如，在创业初期，需要关注的是产品和服务的升级；在快速发展期，需要关注的是管理和组织建设的升级；在成熟期，需要关注的是经营策略和发展战略方面的升级；等等。

第三，配置资源，分步实施。

制造型企业转型升级的每一步都是需要投入的，人力、财力、设备、技术等投入的背后就是相关资源的配置。升级不要想着一步到位"吃快餐"，要切合实际，整体布局，分步实施。小步、试错、迭代、快跑才是一个企业转型升级相对正确的姿势。

第四，复盘总结，持续改进。

转型升级需要一步一个脚印、踏踏实实地进行。进行升级的过程中，同步要做的就是不断复盘总结，在总结中调整、在过程中改进。不是仅企业老板，而是全体员工都要有持续改进的意识。很多企业是老板天天想着怎么变，而团队不理解，反而会抱怨说"老板一天一个主意"。所以，复盘总结是团队进行的，复盘总结的过程是持续改进的动作，更是培训团队、统一团队认知的方式。

遵循以上四点，才能避开转型升级的陷阱。不了解市场趋势，就不能明确技术路线的正确性；不把握消费者需求，产品升级投入以后可能会发现是伪需求；没有方向就没有明确的目标，分步实施才能集中优势资源解决重点问题；时常复盘总结，才能统一目标；提升团队凝聚力，持续改进才能促进企业发展。

企业无论是转型还是升级，都需要立足当下所经营的行业，不厌倦、不抱怨，静下心来分析，专注才能精进。在转型升级的过程中不断提升认知、提高能力，精进修炼，避免转型升级过程中掉入财务陷阱导致资金链出现问题，要稳步发展、永续经营。从外要考虑新产品、新工具、新技术、新业态、新服务，从内要管理升级、业务升级、服务升级。这是企业转型升级的方向。

规模化快速增长的陷阱

改革开放以来，特别是 2001 年加入 WTO 以后，中国全面履行入世承诺,不断扩大开放,中国经济高速发展。在物资短缺时代,中国工业飞速发展,中国成为世界工厂。随着房地产行业的发展,中国制造型企业甚至是各行各业都经历了高速发展。在过去的几十年中,我们习惯了每年20%抑或翻倍的增长,但是经过几十年的高速增长,野蛮式发展的时代、经济高速增长的时代已经过去了,现在已进入稳步发展的时代。我们需要调整好预期,以平常心应对新常态。不能一味粗放式发展、一味追求规模和速度,需要重新认识时代和企业经营逻辑的变化,否则就会掉入规模化快速增长的陷阱。

企业规模化快速增长的陷阱提示的是企业在快速发展和扩张过程中可能遇到的一系列问题和挑战,这些问题和挑战可能阻碍企业的可持续发展,具体表现在以下五个方面。

(1) 难以实现有质量的扩张

企业在区域、品类和客群上的快速扩张,可能带来指数级增长的管理幅度和难度。由于不同区域存在市场格局、品类运营要求和客群消费诉求的差异,企业可能难以有效应对这些挑战,进而在规模化复制中逐渐背离原有的产品与服务交付的标准和承诺。

(2) 难以保持快速响应和迭代

在企业规模快速扩大后,团队可能因惰性和思维惯性,过于依赖过去的成功经验,而忽略市场的快速变化和客户需求的变化。这可能导致企业在品牌和产品迭代上丧失快速响应能力,进而被市场和消费者遗忘。

(3) 管理体系不健全

业绩的快速增长成了掩盖内部管理问题的"遮羞布",当发展迟缓,"遮羞布"褪去,管理问题就会显现。如果内部管理体系没有随着企业的增长而逐步健全,在规模化快速发展的过程中,传统的管理机制就难以适应新的发展需求,从而导致企业内部管理混乱、决策效率低下、运营成本增加和竞争力下降,这会影响企业的运营效率和创新能力,从而制约企业的进一步发展。

(4) 资金链断裂风险

随着企业规模的不断扩大,资金需求也不断增加。传统制造业属于投资回报周期非常长的行业,没有高回报和快速回报,企业在融资方面就会面临困难和压力,更需要依靠企业自身盈利投入从而实现增长。要实现快速增长,需要进行一系列的转型和改进,需要大量的先进技术和设备支持,这也意味着需要大量的资金和资源投入。在实现效益之前,企业必须承担一定的风险和不确定性。

(5) 团队管理困难

企业快速发展需要大量的员工,这对人力资源的管理提出了更高的要求。规模化发展不仅需要大量专业人才的支持,对管理人才的需求也很大,但现实情况是人才储备不足已成为制约企业发展的重要因素。企业需要考虑培训、激励和管理问题,以保证员工的稳定性和生产效率。

以上就是企业快速增长陷阱,当然,我们都希望企业能够良性、快速地增长,但更需要面对现实。一定要打破原来惯有的思维模式,企业的健康比增长重要,稳定的投入产出比企业规模重要。只要企业的利润率是有保证的,利润总额是有的,能够承担一定的风险,就是最好的状态。只有这样你才会心安,才不会提心吊胆。

利润的增长要匹配规模的增长。很多企业在盲目追求企业规模、发展速度的时候,往往忽略了利润的增长。当规模增长的时候,比如,年产值从5亿元增长到10亿元,资金周转率、利润率、材料产值比、人工产值比分别是高了还是低了？经营者心里要有杆秤，这杆秤就是体现经营业绩的相关数据。

企业经营是有"晴雨表"的，也就是说，你得有天气预报，以"生长思维"做企业，保质量型增长。"生长思维"就是因果思维，就像培育一棵小树，不要拔苗助长，而是给它阳光、给它雨露、给它养分，让它自然成长。那种只要胆子大就能做成企业的野蛮式生长时代已经过去了，现在企业需要合法、合规、体系化地增长。

多元化经营的陷阱

多元化经营，是指企业不局限于经营一种产品或一个产业，而是实行跨产品、跨行业的经营扩张。多元化经营对应的是专业化经营，多元化经营和专业化经营各有其优点和适用场景，两者没有绝对的好坏之分，只有合适与否，这取决于企业的具体情况、市场环境、资源能力以及战略目标等多个因素，关键在于经营者对当下企业具体情况的精准判断。

（1）专业化经营的优势

资源集中：企业可以集中有限的资源专注于某一领域或产品，形成强大的竞争优势。

品牌聚焦：有助于塑造和宣传企业的品牌形象，提高品牌知名度和美誉度。

技术领先：专注于不断地进行技术创新和研发，企业可以在特定领域保持技术领先地位。

管理效率：专注于某一领域有助于企业优化管理流程和降低管理成本，提高管理效率。

（2）多元化经营的优势

分散风险：企业可以通过拓展不同的业务领域来分散经营风险，降低单一业务带来的市场波动的影响。

资源共享：有助于企业实现资源共享，如技术、品牌、渠道等，提高资源利用效率。

市场拓展：企业可以通过多元化经营进入新的市场领域，拓宽业务范围和营业收入来源。

协同效应：不同业务之间可能产生协同效应，如技术、市场、管理等方面的互补和协同，提高企业的整体竞争力。

然而，多元化经营也存在一些潜在的风险和挑战，如资源分散、管理难度增加、新业务领域的竞争压力等。因此，企业在选择多元化经营时需要充分考虑自身的实际情况和市场环境，制定科学合理的战略规划和实施计划。

总之，多元化经营和专业化经营各有其优缺点，企业应根据自身情况和市场环境选择适合的经营策略。同时，企业也需要不断优化经营模式和战略布局，以应对市场的变化和挑战。

对于制造型企业特别是传统行业，我个人比较倾向于专业化经营，因为每一个企业都有它自己的基因。每一家企业，上到董事长，下到一线员工，都有自己的认知边界和能力边界，同时有自己的核心竞争力。在经营企业的过程中，一定要意识到资源有限性，要考虑业务相关性，避免掉入多元化经营的陷阱。不要以为会开工厂，就能开酒店，也不要看什么赚钱就做什么，觉得自己什么都能做。隔行如隔山，一定要重点关注自身的资源和能力，而且这个能力应是多维度的综合能力。

工厂数字化的陷阱

工厂数字化需警惕的三个陷阱

在跟朗欧咨询合作的企业中,以及我在日常交流的企业里,不少工厂已经踏上了数字化转型的道路,但并不是所有的企业数字化转型都带来了好的结果。不少管理者只是单纯地以为只要引入数字化技术,上好数字化系统,就实现了数字化的转型。其实不然,数字化转型需要的不仅是数字化技术,还需要管理者认知和思维的转变,以及配合数字化的管理能力提升等。数字化转型绝不是一蹴而就的,而是企业逐渐发展而成的。这就意味着,企业从传统时代的组织转变成数字化组织,是一个充满挑战的过程,在这个过程中,需要对一些陷阱有所认知。

(1)先进性的陷阱

我们第一次去数字化企业考察,往往会觉得很先进,各种显示屏很漂亮。有的老板就会想,要是在自己的企业里也建设数字化,客户来现场看到这么先进,拿个单是肯定没问题的了。如果这样想,你的思维就出问题了,就掉入数字化先进性的陷阱了。因为你只看到了表象,以为搞数字化只是为了接单,为了得到客户认同,这和 20 世纪初推行 ISO 是一个路数。当年东莞的工厂门口,挂个 ISO 9000、ISO 14000 环境体系认证,招工都容易一些,但现在已经没有人去看这些东西了,也不会特意去问有没有通过认证,因为大家都知道这些是可以做表面文章的。

工厂数字化是一个由"里"及"表"的过程,"里"是精细化管理、流程化、标准化、自动化……"表"才是数据的呈现、数字化的运用,我

| 企业的定力：定战略　谋经营　强管理

们不能本末倒置。

（2）自动化的陷阱

一般来说，我们会觉得工厂数字化、自动化后，可以实现工序任务自动交接、设备自动运行，但我要强调的是：实用比先进重要，人才匹配比自动化更重要。数字化工厂上线以后，再靠原来的管理团队可能会跟不上节奏，它需要配置具备数字化转型技能和管理经验的专业人才。自动化，必须根据行业发展的实际情况进行改进，要能解决实际问题，并能节约实际生产成本，不能为了自动化而自动化。

（3）高效率的陷阱

高效率不仅是关注单体设备的工作效率，还需要综合考虑运营效率和管理成本。当你追求高效率的时候，是不是同时考虑了成本最优化？比如，使用机械手肯定比人工搬运的效率要高得多，但是你也要考虑：需要多少个机械手搬运才够用？如果机械手或机器人数量不够，请工程师或购置机器人的费用是怎样的？如果做一个电动传送带，是不是比机械手更方便、更容易让人操作？等等。

企业数字化成功的衡量标准

衡量企业数字化成功的标准有哪些？我近几年深入关注企业数字化的落地情况，总结了以下三个衡量企业数字化成功的标准。

（1）工厂里是机器指挥生产，而不是人指挥生产

真正的企业数字化做好以后，最直接的体现就是工序交接和生产计划的编排是可以自动生成的，不需要人工去排计划。因为真正的数字化做好以后，工序之间的数据是实时共享的，只有做到数据的实时共享才能做到

生产任务的自动下达流转。美国著名组织理论、领导理论大师沃伦·本尼斯在其著作中描述了未来工厂的场景：一组机器、一个男人、一条狗，机器自动生产，狗看住人不要去动机器，而人是负责喂狗的，不能让狗饿着。听起来像一个玩笑，但这就是数字化工厂要实现的目标。

（2）数据是实时产生而不是事后统计的

2016年4月，我在德国汉诺威工业展上参观了西门子的数字化双胞胎，就是后台的数据是根据现场生产的实际情况实时同步、实时生成的，而不是工作完成以后去做统计。传统ERP软件更多是结果上的呈现，解决的是合规性问题。结果上呈现的是过程问题，过程问题的背后是知情问题，知情问题的背后是细节问题，细节问题的背后是信息（数据、状态）采集问题。

数据的实时产生至关重要，很多企业每到年底都要花几万元请ERP公司的技术人员把系统数据清零。为什么会出现这样的状况呢？就是因为这些数据是事后统计的，是事后由人工录到系统里的，而系统只是成了我们的一个工具而已。现在我们要上ERP、MES等这些可以对生产线进行实时监控的数字化系统，这样才能保证数据实时产生。

（3）数据的运用是自动进行而不是人工指令

数据的收集、加工、分析是自动进行的。我们去三一重工考察时发现，它的"挖掘机指数"连接着工程机械设备，通过观察挖掘机的工作时长、开工率等数值的高低、增幅的快慢，就可以快速判断出各地基础设施投资建设情况，从而了解当地的经济状况。你可以看到，它是数据的运用，是自动进行的，而不是人工发出的指令，更不需要人工去统计和分析。人为参与，就可能会变成"伪"，就可能会产生各种假数据。

以上三点，才是衡量一家企业数字化是否成功的关键，看起来简单，实际落地却需要做大量的工作。目标明确很重要，目标清晰了，踏踏实实地去做，然后交给时间，才有机会得到一个满意的答案。

制造型企业数字化的四个认知

作为制造型企业，我们要想避开数字化的陷阱，除了知道有哪些陷阱，还要完善对数字化的认知，需要思考清楚做数字化工厂的目的是什么，而不是头脑发热、道听途说，跟风式地上数字化项目。

（1）针对问题去打造工具、提升效率

数字化不是单纯为了体现先进性，为了好看，为了得到客户认同。企业数字化的主要目的是针对工厂的实际问题去打造工具、提升效率。比如，针对品质溯源的问题，可以打造一个可追溯的工具或系统，解决质量稳定性的问题；针对工序交接不清的问题，可以将工单数字化、工序条码化，以解决工序交接和工序任务不明确的问题，这就是基本逻辑。工厂管理、数字化必须从实际出发，在解决问题的过程中做好转型升级，工厂经营管理的每一步都是要成本的，可以说，管理者的每一个决策都需要成本来买单，所以我们更要有针对性的投入产出。

（2）有长期主义思维，做长线投入准备

有些企业老板跟我说："张老师，我这次花了500万元，请了一家公司给我做数字化。"我说："几百万元或者某一个固定的资金额度投入可能不行，做企业数字化要有长期主义思维、长线投入准备。"你可以说我什么时候开始，但企业数字化和企业管理变革升级一样，它只有此岸没有彼岸，只有开始没有结束。所以你不要给它设定一个额度，不要以为投入几百万元就搞定了。这种是商业思维，不要认为好像花钱消灾、花钱买平安一样。

(3) 用数据去做管理，让管理服务于经营

数字化的最终目的是什么？数据要实时产生，通过实时产生的数据来做管理决策，来指导我们的经营。我在安踏集团的数字化工厂能看到每一个门店的情况，每卖一双鞋子、一件衣服，终端一扫条码，总部就知道数据了，就知道哪个大区要发多少货品，从而倒推出物流计划；库存降低了，倒推出生产计划、生产出货计划、供应链计划。这样整个系统就动起来了。这就是用数据去做管理和运营，而不是靠各个大区的经营管理人员去报数据，报完以后再总结、分析，最后下单。都靠人工的话，生产系统是跟不上市场的实际供需变化的。

(4) 精益生产是垫脚石，生产工艺是护城河

工厂做数字化需要许多前提条件，特别是电子、家具、五金、建材等传统劳动密集型、组装成型类和加工成型类工厂。这些工厂在上数字化项目之前，需要提前做好基本的精益生产，生产线的优化，工艺的剔除、合并、重排和分解，以及零部件的标准化，否则很难顺利推行下去。

制造型企业数字化转型路径

总体来看，制造型企业数字化转型有一个路径（见图11-1），包括六个步骤：管理精细化—数据精益化—组件标准化—工序数字化—产线数字化—工厂数字化。

(1) 管理精细化

管理精细化体现在企业的组织、流程、绩效上。有健康的组织结构，职责明确，决策、沟通顺畅；有精细化的流程，简洁、高效、可落地；有与精细化管理相适应的薪酬、绩效分配机制，团队有活力。一定要先做好

| 企业的定力：定战略　谋经营　强管理

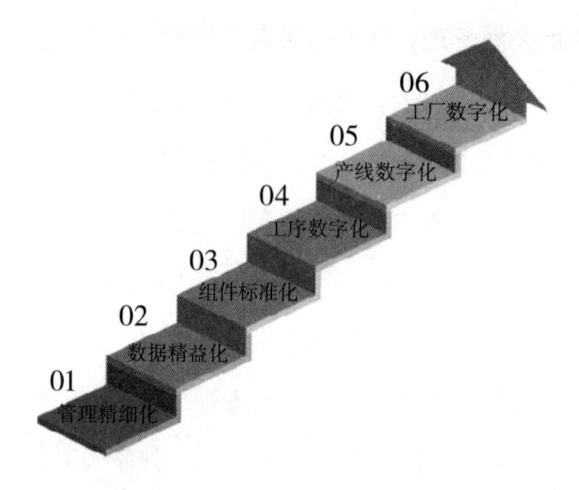

```
                                          06
                                        工厂数字化
                                    05
                                  产线数字化
                              04
                            工序数字化
                        03
                      组件标准化
                  02
                数据精益化
            01
          管理精细化
```

图 11-1　制造型企业数字化转型路径

精细化管理。

很多企业最大的问题在于急于求成。软件公司一到企业演示，老板觉得这个系统工具不错，便不仔细盘点企业是否具备相应的条件就盲目上系统。我们在基础管理都还没抓好的时候，就试图用一套规范性的东西来约束员工的行为，最后会发现，用规范的东西约束大家随意的行为，带来的就是员工的违规，由此你的管理成本也会大大增加。在朗欧提供咨询服务的客户中就有几家这样的企业，基础管理还没有做好，就去推行数字化，中途推进不下去了才想起找我们帮助解决。精细化管理是企业数字化的基础，是数字化推进的保障。

(2) 数据精益化

我们常说，"三分软件、七分实施、十二分数据"。可见基础数据对于数字化转型的重要性。但不管是物料清单，还是工艺信息等基础数据的收集和规范，都不是短时间可以完成的。所以在做数字化转型之前，企业要对数据进行精益化管理。如果企业在数字化转型期间才开始收集基础数据，那么企业的项目成本和风险都会加大。因为那些软件公司需要先花大把的时间进行数据收集，而错漏的数据又会导致项目难以持续推进。所以，当企业的基础管理没有达到一定程度的时候，就算想上 ERP 系统、上 MES 系统、上 CRM 系统、上 PLM 系统，也很难落地实施。如果强行上了 ERP 系统，很有可能最后还是迫于现实的需要选择暂缓，一来二去，无论是人力成本还是资金成本都会直线上升。

（3）组件标准化

组件标准化，就是零部件的标准化和通用化，尽量使同类产品不同规格，或者不同类产品的用途相同、结构近似的零部件在经过统一后，可以互换替代。这样既可以实现生产的专业化、有效提高生产效率，也节约了材料成本，同时能够降低企业数字化过程中的上线成本和管理成本。

（4）工序数字化

工序数字化，就是针对工序问题打造工具、提升效率。比如，如果是交接识别的问题，那就在交接的过程中想办法把条码数字化，这样就可以知道产品是怎么流转的、怎么入库的。先将关键工序数字化，不仅能解决实际问题、产生效果，也能增强团队数字化变革的信心，从而获得全员的思想认同和行动支持。

（5）产线数字化

把各个关键工序的数字化结合起来，再结合 ERP、MES 等软件将整个产线的数字化推行起来。产线的数字化不是简单的工序数字化的组合，而是需要从计划下达、任务编排、零件流动、过程溯源等方面系统地推进数字化工作。

（6）工厂数字化

根据各条产线的数字化情况，从客户管理、订单管理、工厂生产计划、供应链管理和生产管理等方面全方位、多维度地开展数字化工作，打造一个实实在在运行的数字化工厂，最终构建利用先进的数字化技术和信息化手段对整个工厂进行全面的数字化转型和管理，以实现生产过程高度自动化、智能化和可视化的新型生产组织，从而实现自动化生产、智能化决策和柔性化交付。

资产/资本增值的陷阱

多年以前，许多工厂依靠行业政策和地方政策拿到了许多工业用地，想的是万一企业经营不好，土地升值的效益也是相当可观的，或者想办法改变一下工业用地的使用性质，变成商业用地、住宅用地，再不济，把厂房出租也能有非常不错的收益。但是现在看来，这些"如意算盘"好像达不到预期了。多年以前，我们想的是有一部分钱放在银行做存款或者做民间贷款，或者投资就可以实现增值、可以"躺平"了，但是现在看来，利率越来越低，民间借贷风险越来越高，资本的增值也是不及预期的。

在中国，靠工业土地资产和人民币资本快速增值的时代已经过去了，也不用再想着土地和资本的红利了。其实这未尝不是一件好事，经营企业就应当踏踏实实地从品牌上、产品上、效率上、品质上、渠道上下功夫，回归企业经营本身，专注成就专业，如此才能避开资产/资本增值的陷阱。

操盘手迷失的陷阱

在一个采访中，记者问俞敏洪在新东方上市的时候有没有想不清自己是谁。俞敏洪说自己没有这种感觉，他还是他，他不需要别人来告诉他自己是谁，也不会突然迷失。至于财富，他认为如果没有一定的前提，人生也没有目标和方向，钱越多越糟糕。俞敏洪所说的钱越多越糟糕，其实就是财富迷失。当一个企业家的金钱从很少到足够自由支配的时候，他就容易看不清自己，容易陷入财富的陷阱。

我从事企业管理咨询行业已经10多年，有过深度交流的老板至少有1000位。在经营企业的过程中，大部分老板都犯过错，有个性化的错误，也有共性的错误。从经营的角度，我发现作为企业的操盘手，他们在不同阶段的迷失有着惊人的相似之处，以下是我总结的操盘手迷失的三个阶段，也就是操盘手迷失陷阱（见图11-2）。

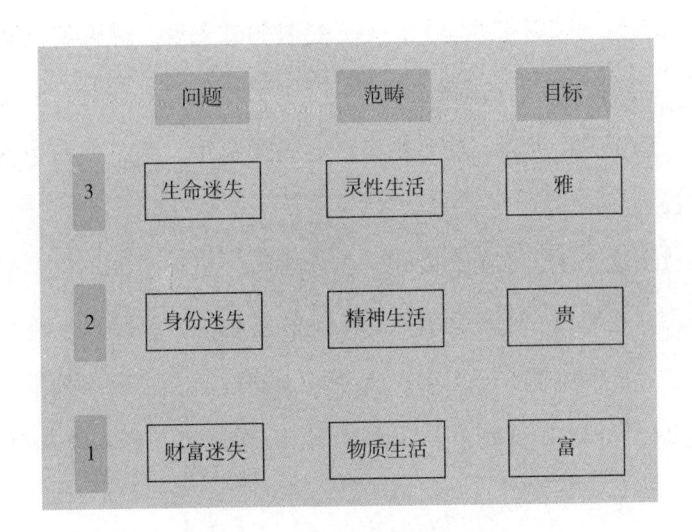

问题	范畴	目标
3 生命迷失	灵性生活	雅
2 身份迷失	精神生活	贵
1 财富迷失	物质生活	富

图11-2 操盘手迷失陷阱

迷失的三个阶段

（1）财富迷失

财富迷失一般出现在35岁左右。古语道："三十而立。"我们20多岁从学校毕业后就开始努力奋斗，很多老板甚至刚成年就踏入社会闯荡。

就老板这个群体而言，有的是自己创业，有的是从父辈手中接班。不管怎样，他们大部分到35岁左右，不说财富自由，至少实现了财务自由。这个时候就容易迷失，容易被财富驾驭，因为原来没有钱，现在有钱了。

很多人在这个阶段容易犯错，开始思考一些原来想而不得的人和事，比如，曾经不正眼看他的班花，他要去见一下；曾经望尘莫及的校草，她要去见一下；甚至一些人会去豪买、豪赌、乱投资等。在这个阶段他们会认为钱是自己能力的最大化，会不断地看高自己，同时容易轻视他人，变得傲慢，但这样一来往往过不了几年事业就会受到影响。

企业操盘手一旦掉入这个陷阱，就会被财富驾驭。在人生道路上，我们需要修炼的是驾驭财富的能力，而不是被财富驾驭。就像我们很多人讲"我用钱"，其实，你可以深度去思考一下：到底是钱在用你，还是你在用钱？显然，到了这个阶段，对于很多企业的操盘手，都是钱在用他，而不是他在用钱。

如果过了这个坎，你就会发现，初恋难得一见还不如不见，留一份美好时常怀念，还好过一点。任何人都不能轻视他人，需要以平等心对待身边的每一个人。团结能人干大事，携手好人做好事，指导小人不坏事。钱不是万能的，一切非我所有，只是为我所用而已，不要掉入财富迷失陷阱。

（2）身份迷失

走出了财富迷失阶段后，大约在45岁时会进入身份迷失阶段。身份迷失的体现是什么？追求功名。有钱后希望得到社会的认同，甚至是各种社会群体的认同。然后，你就慢慢地开始追求身份了，会想方设法地加入某个群体，想要追求社会群体的认同。比如，有的老板常常会提到"我在长江商学院的同学……""我在中欧商学院的同学……""我在某某总裁班的同学""这些同学我们要一起聚一聚",诸如此类,其实本质上就是在追求身份的认同。

但什么是你的本来面目呢?会长、副会长是你的本来面目吗?局长、副局长是你的本来面目吗?回到父母身边就不是了,回到亲人身边就不是了。需要回到生命情感的本真,做好我们自己的企业,企业是我们的名片,业绩是我们的尊严。企业经营不好,你还能当会长、副会长吗?你有条件去总裁班吗?

当然,有人会有疑问:"张老师,照你这样说,这些社会职务大家都不去追求了吗?这些商协会大家都不应当加入了吗?"当然不是,你依然可以去商学院、总裁班,依然可以加入各种商协会,但是不能迷失,不要执着,不能把这些社会职务当成主业,把经营企业变成副业,变得不好好经营企业,而去迷恋参加各种活动、参加各种同学聚会,热衷于在各个场合讲话。

又如,到了这个阶段许多老板已经是乡贤名人,会受邀回到家乡参加各种活动,会被邀请回家乡投资兴业,回报桑梓。这个时候需要冷静地思考,你是为了产业需要或家乡的资源、能源、政策契合你的产业发展,还是为了身份、面子和荣誉回乡投资?前者才能成功,后者大多会以失败告终。企业到了稳步发展阶段,老板在对外社交上应当学会做减法,而不是做加法,应当把宝贵的时间多花在企业的经营管理上,花在陪伴家人上,花在自我的修行上。避免掉入身份迷失的陷阱。企业老板时刻不能忘记:企业是我们的名片,业绩是我们的尊严。

(3) 生命迷失

当经历了财富迷失阶段和身份迷失阶段以后,在 55 岁左右就会进入生命迷失阶段。疫情过后,"你从哪里来,要到哪里去",又回归到了哲学层面。在这个阶段，或许经历过好友离去、朋友背叛、亲人离世；或许经历了企业发展的起起落落；或许自己的身体给自己敲了警钟；或许孩子长大了，出国了，又不愿意接班……这个时候才发现之前所追求的财富和名利，不是自己追求的终极目标，那目标和方向又在哪里呢？

这个时候许多老板会开始思考人生的意义，开始思考幸福的来源，开始思考人生的学问。古人说的学问其实指的是精神的修养，精神的修养决定智慧的高度。在这个阶段，许多企业老板有了自己的信仰，他们会从信仰的角度去设定目标，在工作生活中去修行。

在修行的过程中很多人慢慢会发现，妨碍幸福的根本原因是执小我，执是非，执生死。这个时候就需要把企业当成一个修行的道场而不是一个赚钱的机器，不然就会走向另一面——开始脱离企业的经营管理，开始"享受人生"，到处游山玩水、周游世界。不是说不要去看世界，而是不能执着，要心灵富足地去看世界，而不是抱怨、逃避式地去看世界，掉入生命迷失的陷阱里。

三个范畴与三个目标

财富属于物质生活。在这个阶段，对于大部分人，需要积攒财富，为了满足自己和家人更高的生活需求，为了能做更多自己期望做的事。

身份属于精神生活。当你的物质生活得到满足时，你自然会去追求精神生活，而追求身份的背后，就是在追求被爱、被尊重、被关注。"天下熙熙，皆为利来；天下攘攘，皆为利往"，你拥有了财富，又拥有了身份，自然可以获得他人的关注、赞美与尊重。

生命属于灵性生活。人的一生中，不只是追求衣食无忧、功名利禄，也追求灵性生活。灵性生活看似抽象，其实，在你发现自己不受限于功名利禄时，当你想要从自然或艺术的联系中寻找意义时，你已经不知不觉地处在灵性生活中了。通俗来说，灵性生活就是人内在的、宁静且圣洁的、本真的生命情感，就是不断修炼，进而感受到自己的价值，找到自己存在于世界的意义，并努力成为更好的个体。

三个阶段的目标

当你在追求财富的时候，你的目标就是富；当你在追求身份的时候，你的目标就是贵；当你在追求生命的意义的时候，你的目标就是雅。人一辈子最痛苦的是什么？其实就是十二个字：既要，又要，还要；既想，又想，还想。既要富又要贵，还想雅。你想挣钱，就老老实实挣钱，不要又想贵。很多艺术家是在绝笔以后，其艺术作品才值钱的；他在你身边的时候，作品是不值钱的。其实就是他在雅的时候没办法富，在不出名的时候也没办法贵。所以，你在贵的时候，就不要想富。就像李嘉诚，当别人给他贴上道德标签的时候，他却说自己只是个商人而已。

因此，不管你处在哪一个阶段，只要想清楚自己的目标，然后努力去追求、去修炼，一切自然会水到渠成。无论你是老板还是高管，其实都是企业的操盘手，此时不妨静下心来，向内观，看看自己有没有迷失在这三个陷阱——财富迷失、身份迷失、生命迷失中。如果有，请给自己一个重新思考的时间，想清楚当下的目标，是富、是贵还是雅，然后扬帆远航再出发。

政商关系的陷阱

在全球任何国家做企业，都需要跟政府打交道。企业作为一个经济组织，需要与政府服务相结合，这样才能产生更大的经济和社会价值。但在这个过程中，稍有不慎，就可能掉入政商关系的陷阱中。

从政府的角度，要求建立"亲""清"的政商关系。你要亲近，你得亲切，同时要清，你得清清楚楚、明明白白，你得有界限。所以，作为企业老板，要做事业的明白人，不要做政治的糊涂人，要有政治觉悟，不要享受政治利益。作为企业老板，必须有政治觉悟和政治高度，要热爱我们的国家，要热爱我们的民族。

很多老板在经营企业的过程中，和政府领导走得近，就是为了多拿个项目，多得点儿什么好处，只想着获得，这个出发点就有问题，大概率会掉入政商关系的陷阱。企业是社会的重要组成部分，我们要思考如何经营好企业，在保证盈利的同时承担社会责任，为社会做贡献，为政府分忧。这些看起来好像在喊口号，实际上真实不虚，比如多招员工扩大就业、合法纳税、善待员工就是在为社会做贡献。那么我们如何避免掉入政商关系陷阱呢？

第一，了解规划才能思考计划。了解政府的五年计划、十年规划，由此思考和制订企业发展计划。做企业一定要了解政府规划，包括土地规划、产业规划等，规划决定着未来的方向，指导着企业的战略调整。

第二，了解政策才能思考对策。了解各省的两会报告，以及企业所在地市的相关政策文件，看看文件里鼓励什么、限制什么、反对什么。其实企业老板关心政治的有效方式是关心政策。

第三，将单方面的积极性变成多方面的积极性。了解了规划，了解了政策，才能顺势而为，才能将企业和政府某一方的积极性变成双方的积极性。企业的业绩和政府的政绩目标保持一致是最好的状态。

第四，跟政府保持联系，而不是跟某一位领导处好关系。表面来看，企业是在跟领导打交道，但本质上是在跟政府打交道。这就需要我们按流程依法依规行事，所有的工作都需要有明确的文件确认。避免"新官不理旧账"，企业需要有自己的组织记忆。

第五，依靠组织能力而不是领导权力。如果你跟某一位主要领导关系好，你不要害他；如果你跟他关系不好，你也不要自害。在经营企业的过程中，是企业与政府这两个组织之间打交道，要学会将个人情感转化成组织情感。

政商关系的处理是一门学问，在经营企业的过程中一定要重视政商关系的处理和维护，发心要正，步子要稳，行事要端。

第十二章
企业经营的二十四字要诀

经营好一家企业非常不容易,特别是制造型企业,需要从研发、营销、制造、供应链、人力资源等各个维度开展工作,而且在经营的过程中,每个阶段都会面临不同的问题。我带领团队在十几年从事管理咨询的过程中,发现了许多优秀的企业经营者,我把这些做得好的企业经营者在经营过程中的实战经验总结为六个方面,共二十四个字,即经营企业二十四字要诀:洞察需求,找到痛点,价值识别,组织产品,放大痛感,交换价值。

洞察需求

洞察客户需求是企业在产品开发、市场营销、客户服务等各个环节中至关重要的能力。需求决定商业逻辑,商业逻辑决定盈利模式,洞察客户需求至关重要。商业的基本逻辑是顺着人性走,所以第一步得知道客户需要什么。

例如，外卖平台的兴起正是利用了人们的生活便利需求，让你足不出户就能吃到美食；预制菜的兴起就是利用了人们希望做饭、做菜能够方便快捷、节约时间的心理。很多产品是顺着人性走的，而管理人的规定、纪律等是约束人性的。比如，手机来了电话随时接是我们的习惯，但在大会会场里，往往会规定大家把手机设置成静音。

洞察需求一定要洞察客户的真实需求，而不是伪需求，需要注意识别。有时候客户给你打电话讲到什么需求，有可能就是一个伪需求。这需要企业的产品经理真正地深入销售一线，深入地与客户沟通交流，系统地进行市场调研，科学地共创与测试，真正地洞察客户真实的需求。当然，不要试图去满足所有人的需求，这是很难做到的。你应该清楚一个产品满足的是哪一类画像的客户，哪一类需求是你可以去做的，即需要确定细分市场赛道。

找到痛点

（1）痛点决定了定位，定位决定了技术和服务

找到客户痛点是在洞察用户和客户需求的基础上进行更深入的市场研究和客户需求分析。这有助于企业更精准地定位产品和服务，提升客户满意度。

王老吉开创了凉茶饮料品牌，在这之前凉茶只是广东人的一个地方饮品，还没有被大众熟知。王老吉就是找到了消费者怕"上火"这个痛点，于是定位自己的饮料是降火饮品，提出"怕上火喝王老吉"的广告词，这样才与普通的凉茶，以及其他功能饮料做了区分，成就了一个家喻户晓的品牌。

(2) 客户痛点需要聚焦，不能做大而全的功能阐述

需要在产品的众多功能中聚焦一个易懂、易传播的特性功能来解决消费者的痛点，满足消费者的需求。

六个核桃："经常用脑，就喝六个核桃"，针对的是脑部营养补充的痛点；东鹏特饮："累了困了喝东鹏特饮"，直接明了地传达了产品的功效和使用场景，即当人们感到疲惫和困倦时可以选择东鹏特饮来提神醒脑，针对的是人们在累和困的时候需要提神的痛点。

价值识别

价值决定了利润来源，利润决定了品质和功能。价值识别通常包括了解产品的市场竞争力、优化产品成本结构、提升产品附加值等。要通过对行业的分析、竞品的分析以及 SWOT 深度分析，定位好产品的价值点。需要研究客户的行业、市场地位、竞争对手、目标客户群体等背景信息，这有助于更全面地理解客户所处的环境和面临的挑战。

对于不同行业，从外部因素来看，产品的价值主要包括以下五个方面：①功能性价值，产品能够满足用户需求和解决问题的程度。②经济性价值，产品的性价比和价格合理性。③情感价值，产品带给用户的情感体验和情感联结。④社会价值，产品对社会的贡献和环保性。⑤技术创新价值，产品所具备的技术创新性和先进性。

从内部因素来看，产品的价值主要包括管理效率价值、供应链价值、团队人才力价值、产品力价值等。

组织产品

组织产品，就是要设计出能够解决客户和消费者痛点的产品，体现的是产品力，指的是一个产品或服务在市场上展现出的吸引和满足消费者需求的能力。产品力涵盖了产品在设计、功能、质量、价格、服务等多个维度表现出的竞争力和吸引力。一个具有强大产品力的产品或服务，往往能够在市场中脱颖而出，赢得消费者的青睐和信赖。想要提升企业的产品力和组织生产出具有超强产品力的产品，需要在产品的创新性、功能性、技术、质量、服务支持和用户体验等方面下功夫。

放大痛感

放大痛感属于营销的方法和手段，强调消费者的认知和心智的塑造。

在营销过程中，理解并放大客户的痛点，营造痛感（他们面临的问题、不满或需求）是促成交易的关键步骤。这并不意味着故意制造焦虑或夸大其词，而是要更深刻地揭示问题的本质，让客户意识到解决问题的紧迫性和价值，这是塑造消费者认知和占领消费者心智的有效方式。像我们看到的许多广告往往用几秒钟就能戳中用户的痛点和放大用户的痛感。以下是我总结的一些放大客户痛感的策略和方法。

（1）深入了解并具体化痛点

通过提问和倾听，深入了解客户的具体问题和挑战。将他们的痛点具体化，用实际的数据、案例或故事来增强说服力。比如，如果一个客户的销售转化率不高，你可以通过数据分析展示具体损失了多少潜在客户和潜在收入，而你提供的产品和服务能解决这个问题。

（2）分析潜在后果和影响

帮助客户认识不解决这些问题可能带来的负面后果。可能是直接的经济损失、时间浪费、效率降低，也可能是抽象的品牌形象受损、客户满意度下降等。通过具体的案例来展示这些后果，让客户感受到紧迫性。

（3）对比现状与理想状态

引导客户想象问题解决后的理想状态，比如提升的生产效率、增加的销售额、更高的客户满意度等。通过对比现状与理想状态，让客户看到改变带来的巨大价值。

（4）强调竞争压力

如果适用，可以提及竞争对手的优势或市场趋势，让客户意识到如果不采取行动，可能会落后于竞争对手或错失市场机会，但要确保这种比较是公平和基于事实的。

（5）营造情感共鸣

人们往往更容易被情感驱动。尝试找到与客户痛点相关的情感元素，如挫败感、焦虑、失望等，并通过故事或场景描述来触动客户的情感。当客户在情感上与你产生共鸣时，你才有可能采取下一步行动。

（6）提供系统定制化解决方案

在放大客户痛点的同时，也要展示你能够提供的系统定制化解决方案和产品。这不仅能缓解客户的担忧，还能增强他们对你的信任和依赖。

（7）保持同理心

在整个过程中，保持对客户的同理心至关重要。确保你的言辞和态度都是出于帮助客户解决问题的真诚愿望，站在帮助客户解决问题的角度，而不是纯粹为了商业目的。

交换价值

在货币经济时代产品商品化，交换价值通常表现为商品和服务的等价交换。交换价值指的是商品能同其他商品或货币相交换的属性，是商品交换的比例关系。交换价值是市场经济中不可或缺的概念，体现了商品在交换过程中的特定属性。交换价值的大小由商品的价值决定，而价值是商品所包含的劳动价值、品牌价值、服务价值、稀缺性等的体现。不建立信任不谈业务，不塑造价值不谈价格。我们要通过专业化的产品和服务与客户和消费者建立信任，信任建立了再谈业务，呈现出产品能给客户带来的价值后再谈价格。

商业活动的本质是价值的交换。你的价值跟客户的价值进行交换，就是解决问题、创造价值。客户付出了金钱、时间、精力的价值，获取了产品和服务，而企业获得了客户的资金、口碑和信息等。

以上二十四字要诀就是经营的心法，它既是一个循环，也是一个闭环，企业经营就是要围绕这个闭环进行。这是我跟很多企业老板分享交流的思想结晶，也是众多企业的实战经验和老板的体会，希望能对你的企业经营有所帮助和启发。

第十三章
企业经营的八大要点

民营企业要坚守三条红线

第一条红线：安全

"安全"是企业最基本的要求，也是人们工作生活的基本需求。"生于忧患，死于安乐"，有的企业为了追求经济效益，对司空见惯的安全问题迟迟未做妥善的处理，进而导致安全事故的发生，得不偿失。现代工厂在安全管理的合规上要引起足够的重视，包括相关安全标准的建立，监控、检查设备等硬件的投入等。

在不少工厂还存在这样的安全隐患：电线乱拉乱接、家具厂锯末没有集中存放、车间扬尘很多、室内通风不好、油漆房没有独立管理等。对于安全问题，管理者不得有侥幸心理，应做好安全隐患的排查和整改，牢牢守住安全的红线。

工厂的安全管理一方面是要本质安全，需要通过软件、硬件的投入，杜绝发生重大安全事故；另一方面是要合规安全，企业各种安全设施要齐备，安全管理机制要健全。这里涉及安全责任的界定问题，万一发生了重大事故，在安全设施健全齐备的情况下是意外事故，反之则是安全责任事故。同一个事故，意外事故和安全责任事故给企业带来的损失和影响是极为不同的。

企业如何改善安全设施呢？简单来说，一是及时更换老化的设备；二是安排专职或兼职的安全员定期检查，增强生产安全保障能力。当然，要守住安全的红线不是一朝一夕的事，长期来看，需要建立严格的全员安全生产责任制、企业供应链安全生产管理制度、职业健康管理制度等，还要对员工进行安全培训，设置应急救援措施，全方位保证企业和员工的安全，更好地维护企业的安全和效益。

第二条红线：环保

现在无论是国家层面，还是普通老百姓，都对环保的要求越来越高，企业必须合法、合规地开展生产经营活动，规范排放废气、废水，防止污染物的超标排放，推广节能减排技术，等等。2024年4月，我在德国参加了全球最大的工业博览会——汉诺威工业展，在展会上我发现，如今的欧洲，无论哪个产业、什么行业、大企业还是小企业，都在关注环保问题。一方面是能源的节约。欧洲在国际电池联盟的领导下，正在推出电池护照（Battery Passport），它要求电池产品必须附带一张电子版护照，以记录和公布电池的设计、生产、供应链以及回收等全生命周期信息，就是我们常说的留下"碳足迹"。另一方面是材料的节约和回收。各种生物基和可降解材料都在创新研发和运用研发中，尝试研发用大豆壳生产一些塑料制品，尽量不用或少用塑料制品。

环保这条红线也在倒逼企业转型升级。要环保就需要企业积极探索新技术、新工艺，加快技术改造和产品优化，实现"高效率、低能耗、低物耗、低排放"，最终走上绿色发展之路。我们喝奶茶的吸管就是可降解材料制成的，这种材料有保质期，从产生到降解完成的周期是 270 天，一旦超过这个时间产品就会降解，所以在这 9 个月里需要高效率地流转，及早销售和使用。

第三条红线：税务

2023 年，我们迎来了税收征管新系统——"金税工程四期"，将税务系统和银行系统连接起来，利用大数据手段，将过往的"以票控税"转变为"以数控税"。税务机关不用查验发票，仅靠监控企业和个人的银行账户，就可以查出是否存在偷税漏税的嫌疑。可以说，在税务上，我们现在是"透明人"了。还包括对一些新商业形态，如直播电商等的立法，还有建立全国统一的大市场，对一些地方招商税收政策和园区税收优惠政策的取消。现在，"金税工程四期"已经正式运营，为了营造公平的税收环境，维护经济的稳定发展，在未来国家必将对企业的涉税违法行为"严征管"。

表面上看，企业合法纳税好像增加了企业的成本，实际上，只有所有企业都合法依规纳税，才能营造公平的营商环境，让所有企业在同一水平线上竞争，这对于规范运营的企业来说未必是坏事。依法纳税也是每家企业都应该履行的责任。企业不仅要严守税务红线，还要及时自查、未雨绸缪。现在，大多数企业已经过了创业的初始阶段，过了养家糊口解决生计的阶段，我们需要合法经营，让企业安全，让自己安心。

随着我国法律规范体系越发科学完备，民营企业只有顺应时代的发展，时刻坚守"安全、环保、税务"三条红线，才能走得更加稳健和可持续。

设计好经营企业的四道防火墙

当下，企业已经过了野蛮生长的时代，科学的管理和经营才能让企业持续发展和永续经营。据美国《财富》杂志报道，中国中小企业的平均寿命仅为2.5年。根据国家统计局及相关数据分析，近年来中国企业的平均寿命呈现出一定的波动。有数据显示，2019年中国企业的平均寿命为5.7年，随后几年有所回升，但总体保持在5年至6年。需要注意的是，这些数据可能因统计口径和范围的不同而有所差异。《中国家族企业生态40年》显示，家族企业的平均寿命为24年，这可能与家族企业更注重长期发展和传承有关。无论是怎样的数据，我认为，每一位企业主都希望能够做成百年企业，能够传承并永续经营。

经营企业需要做好很多事，我认为首先要做的是从财务管理上建立四道防火墙。这是企业在经营过程中是否良性发展的最重要的反馈，也是企业操盘手最需要关注的。企业要明明白白地发展，不能糊里糊涂地倒掉。

第一道防火墙：生命线

生命线指的是企业的最低业务量。企业的生命线不止一条，从企业的长远发展来看，质量是企业的生命线，营销是企业的生命线，现金流也是企业的生命线，但从企业经营风险的角度来说，最低的业务量是企业的生命线。不管是企业的质量、营销，还是企业的现金流，都需要业务量带来的营业收入来维持。

企业的最低业务量是企业维持生存必须达到的最低业务标准。如果企业的业务量低于这个标准，企业将可能面临经营困难甚至生存危机。生命线是企业经营的基础，它确保了企业有足够的业务量来覆盖固定成本和可变成本，从而维持企业的正常运营。

只有达成了最低的业务量，才能保证企业的现金流，才能保证企业最基本的运转不出问题。生命线是企业必须关注的，同时生命线不是一成不变的，应当随着企业规模的不断变化调整最低的业务量。特别是企业快速发展的阶段，一定不能被规模的扩大和人员的增加麻痹，而要更加关注最低的业务量，否则一旦资金链出问题，就很难补救。

第二道防火墙：保底线

保底线指的是企业的盈亏平衡点。盈亏平衡点又称零利润点、保本点、盈亏临界点、损益分歧点、收益转折点，指的是企业的产品销售与总体成本相等的状态，也就是总支出和总收入持平。企业的总支出包括固定成本和可变成本，总收入则是通过销售产品或提供服务所获得的营业收入。企业只有达到盈亏平衡点，才可以保住基本的固定费用和成本，才能开始有盈利。所以，企业保底线的业务量指标，最基本的是要达到盈亏平衡点。

根据盈亏平衡点的分析，可以调整经营策略和目标。进行经营情况复盘时，如果当前的产量、成本、销售收入都在上升，就要考虑盈亏平衡点能否保持。如果企业多个产品的盈亏情况不一，有的产品盈利，有的产品亏损，那就要从企业整体经营的角度进行分析，对亏损产品考虑减产或停产，对盈利产品挖掘是否有扩量的空间。分析盈亏平衡点，实时掌握盈亏平衡点的动态情况，还可以帮助企业厘清成本结构，进一步精准经营；有助于在企业的经营管理过程中，提升企业操盘手的决策力和企业的整体竞争力。

第三道防火墙：任务线

任务线指的是企业要达成的利润率和利润总额目标。任务线是需要团队共同努力达成的基本要求，达成任务线才能让企业处在一个良性的运转状态。达成任务才能让员工有绩效、股东有收益，企业才能够持续发展。例如，年度经营任务营业收入要达到10亿元，利润要达到8000万元，利润率为8%。企业在定经营任务的时候，必须同时关注利润率和利润总额，否则就会掉入规模增长而利润减少的陷阱。

企业在设定任务线的过程中，要对业务营销、生产管理、人力资源、技术研发、财务资金等各个部门进行任务的分解和执行。任务明确、压实责任、协同共振才能确保任务的顺利达成。

第四道防火墙：目标线

目标线指的是企业规模、利润总额和利润率目标。企业在经营的过程中，必须设定经营的目标线，目标线是企业在产值规模、利润总额和利润率上希望达成的目标。任务线达成是重点，目标线达成是喜悦。这既是企业发展的必要，也是持续激发员工为企业创造价值的需要。比如，任务线设定了年营业额10亿元，利润8000万元，目标线设定为年营业额12亿元，利润9600万元。目标线的完成能够充分说明企业的经营状态良好，包括商业模式正确、经营方法有效和团队成员高绩效。

达成目标线需要企业在各种资源配置上有一定的储备，例如广告投入、流动资金、研发投入、新产品开发、人才密度的增加等。在设定目标线的同时，也要设计好目标达成后相关团队的激励机制，以确保组织团队的活力。

对于生命线、保底线、任务线、目标线，企业的操盘手和财务部门应当时时关注、及时预警。企业的老板和高管要清清楚楚，一旦达到某一条线，就马上关注下一条线。如果目标线没达成，就看看任务线达成没有；如果任务线没达成，就看看保底线达成没有；如果连保底线都没达成，至少看看生命线达成没有；如果都没达成，就需要及时调整经营策略，提前规划，分析原因，快速做出调整。现代化企业必须清清楚楚、明明白白地经营，只有了解经营的实时状况，才能做出正确的决策和开展有效的行动。

管理与治理并重

企业治理是企业为了实现竞争目标与达成使命的决策、管理和控制的过程，旨在保证企业经营利益的最大化及推动企业可持续发展；是公司运作的一种制度构架，以防范风险、提升公司价值为目的，其要素是绩效、公司价值；主要强调投资者和经营者、决策层和执行层的行权规则；涉及企业内部经营活动、管理制度、财务报告、债权人利益保护、股东间权利及责任、治理框架与机制，以及企业治理精神等多个方面。

许多企业特别是传统企业，在长期的发展过程中已意识到管理的重要性，因为管理问题每天都需要面对。创业初期，许多企业采用"兄弟式合伙""家族式经营""同学情班子"等以信任为基础的创业方式，财务体系较不规范。公司章程、股东协议大多引用工商局的参考模板，忽略了顶层的公司治理。通常企业在后续的经营过程中遇到问题后，就会出现我们常听说的"仇人式散伙""门口的野蛮人"等情况，其实这些就是公司治理体系不完善带来的问题。现代化企业一定要重视企业治理，管理与治理并重。

第一个关注点：经营得利润

企业治理与企业管理是一枚硬币的两面，谁也离不开谁。虽然公司治理的直接目标是股东利益最大化，公司管理的直接目标是公司利益最大化，但本质上二者都要为实现利润的最大化而努力。所以企业的经营要获取利润，就要管理和治理并重，共同让企业经营步步向好。

第二个关注点：管理增效率

管理以降低成本、提高效率为目的，其要素是质量、服务、价格，主要强调管理层的内部控制。在公司治理的基本构架下，通过计划、组织、指挥、协调、控制和评价等功能的具体实施，高效实现公司的目标。

公司管理的主体是经营者，主要是指经理和员工，他们对公司的经营活动，如供应、生产、销售等，进行组织、指挥、协调，以保证企业经营活动有序开展。公司管理直接承担着落实董事会确定的经营目标、利润计划的任务。

搞好企业管理，就是帮助企业高效经营，是实现公司治理目标的基础和保证，决定着治理的效果。

第三个关注点：治理防风险

治理的主体是利益相关者，主要指股东、债权人、政府、员工等，他

| **企业的定力：** 定战略　谋经营　强管理

们由于投入了专项资产，因而都要参与公司治理，以维护各方的利益。公司治理涉及的大多是经营中的重大事项，如公司战略决策、年度经营计划、重大投资决策等，从而决定了企业经营的方向和重点。完善的公司治理能降低企业内部管理的盲目性，也能从大方向上防范企业的经营风险。

我经常开玩笑讲，一看企业的名字，我就大概知道它的股权架构，比如"某某众""某某鑫"，有"众"字、"鑫"字的企业基本上是3个股东。如果企业是这个名字的，我无意冒犯，只是基于"大数法则"的判断而言。其实3个股东本身并不可怕，怕就怕股权是平分的、决策权是对等分的，企业做到10亿元的年产值后，问题就来了。确实，有的企业就是当年三个人玩得很好，一拍即合，几杯酒一喝就做出了一家公司，谁都没想到后来能把企业做到10亿元的年产值甚至上市，也就是从这个时候，问题开始频频出现。因为企业的股权集中在了三个人的手中，而且每个股东都能说了算，都紧握公司命脉，但难免考虑问题不全面以及决策失误得不到适时的改正，其实这就是忽略公司治理所带来的问题。就算这一代人能和谐相处，企业传承到下一代的时候也是需要解决这些问题的。

例如上市公司的股权结构，头部基本会有创始股东、主要投资方、主体方、员工的持股平台、资源方，基本上是四五个有限合伙企业，再加上几个自然人。为什么上市公司要这么设计？因为股权结构的设置直接决定公司的治理效率和管理水平，这种分散股权的方式可以减少内部矛盾，避免公司股东之间"分崩离析"，同时可以明确主要的责任人、决策权，所有权也非常清晰。有的老板认为自己的企业没有上市，就不用关注治理结构了，其实就算企业没有上市，也需要关注和重视治理结构。非上市公司也可以通过良好的公司治理实现公司的良性运行，并且可以有效预防风险。

设计好产品结构的金字塔

企业经营的核心就是产品力，产品力决定着市场竞争力，产品结构的设计决定着企业的盈利能力和品牌影响力。在市场竞争激烈的形势下，是大量投入新品开发，还是扩大原有产品市场呢？是全部转做高端产品，还是只做低端产品呢？一个企业的资源是有限的，盲目投入不一定有高回报，如果产品投入不合适，有可能会血本无归，这是很多企业面临的现实问题，企业必须科学地设计好自己企业的产品结构。

方法一：波士顿矩阵管理法

波士顿矩阵，又称波士顿咨询集团法、市场增长率—相对市场份额矩阵、产品系列结构管理法、四象限分析法等，由美国著名管理学家、波士顿咨询公司创始人布鲁斯·亨德森于1970年首创，它是通过销售增长率（反映市场吸引力的指标）和市场占有率（反映企业实力的指标）来分析决定企业的产品结构。

波士顿矩阵（见图13-1）将产品分为四种类型：

（Ⅰ）明星产品：高市场占有率、高增长，处于成长期，发展前景好，竞争力强，可以加大投资以支持其发展。

（Ⅱ）问题产品：低市场占有率、高增长，处于导入期，发展前景好，但市场开拓不足，需谨慎投资。

（Ⅲ）瘦狗产品：低市场占有率、低增长，处于导入期或衰退期，利润率低，甚至亏损，应采取撤退战略。

（Ⅳ）金牛产品：高市场占有率、低增长，处于成熟期，成熟市场的

```
                    高
                 ┌────────────────┬────────────────┐
              II │ 低市场占有率、高增长 │ 高市场占有率、高增长  I
                 │   问题产品       │   明星产品       │
          销    │      ↕          │      ↕          │
          售    │    导入期        │    成长期        │
          增    ├────────────○────┼─────────────────┤
          长    │ 低市场占有率、低增长 │ 高市场占有率、低增长 │
          率    │   瘦狗产品       │   金牛产品       │
                 │      ↕          │      ↕          │
              III│  导入期或衰退期    │    成熟期       IV
                 └────────────────┴────────────────┘
                    低
                  低 ←——— 市场占有率 ———→ 高
```

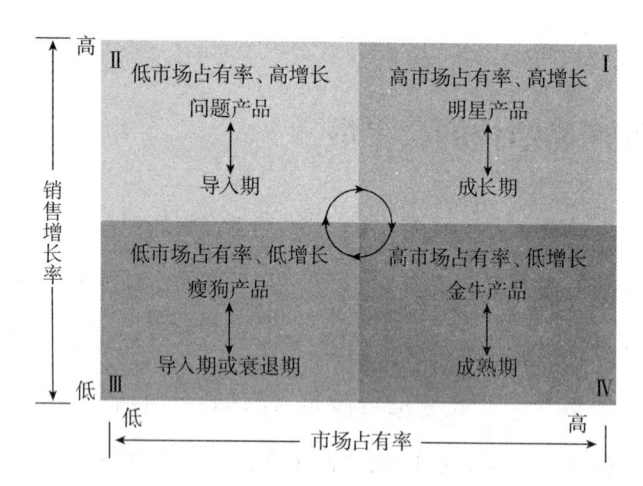

图 13-1　波士顿矩阵

领导者，应降低投资，维持市场占有率，并延缓衰退。

你的企业处于成熟期，一定要有金牛产品；你的企业处于成长期，一定要有明星产品。如果新研发的产品目前市场占有率还不高，但未来可能呈现高增长率，那它就是问题产品；如果有一些产品已经不具备市场优势，也很难再增长，那它就是瘦狗产品，要迅速淘汰。

这是布鲁斯·亨德森的理论和实践，有助于我们对企业的产品进行分类和分析。接下来，我用朗欧在咨询实践过程中探索的一个更为简单易懂的方式——产品结构金字塔，帮助大家进行产品结构的设计。

方法二：产品结构金字塔

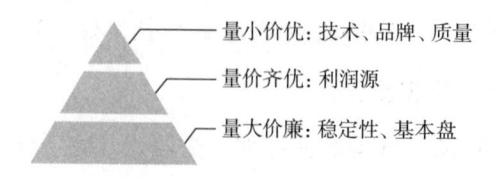

```
         ▲
        ╱ ╲ ———— 量小价优：技术、品牌、质量
       ╱───╲ ——— 量价齐优：利润源
      ╱─────╲ —— 量大价廉：稳定性、基本盘
     ╱───────╲
```

图 13-2　产品结构金字塔

产品结构金字塔（见图13-2）分为三部分：

第一部分是塔尖产品，指量小价优的产品。生产这类产品的目的是展现先进的技术能力，通过技术体现企业的品牌力，呈现企业的质量和生产能力。别人不能干的我们能干，别人没有的技术我们有并且能够量产。塔尖的产品虽然价格高、利润高，但市场占有率相对较低，生产要求也比较高，它不是利润的主要来源，一般用于企业树立品牌形象和体现技术水平。

第二部分是塔腰产品，指量价齐优的产品，这类产品是企业的利润源。该类产品相当于企业的"拳头产品"，客户稳定，回款准时。订单量相对较大，生产工艺成熟，与技术团队能力相匹配。塔腰产品是公司需要重点关注的产品类型，不仅关乎企业的盈利水平和未来的发展，也决定着企业的战略落地能力。

第三部分是塔基产品，指量大价廉的产品，这是企业的基本盘，是企业最擅长的也是最基础的一些产品。订单数量特别大且特别稳定，不管市场如何变化，都能够旱涝保收。此类产品的价格是非常低的，完全靠走量。此类产品是企业均衡固定成本的来源，是员工稳定工作和维持基本收入的主要保障。此类产品的供应链一定要稳定，要保证供货充足。

小结来看，产品结构金字塔分为三个层次：塔尖部分是量小价优的产品，此类产品要展现我们的技术，体现我们的品牌，呈现我们的质量；塔腰部分是量价齐优的产品，此类产品是我们的利润源；塔基部分是量大价廉的产品，是我们的基本盘，要确保稳定，要旱涝保收。产品结构金字塔设计的背后既是团队成长的路径，也是人才的结构金字塔。卓越人才和团队负责塔尖部分的产品，高级人才和团队负责塔腰部分的产品，稳定型人才和团队负责塔基部分的产品。

为了让大家对此有更为直观的理解，我们举一个例子：你的企业有1000名员工，大致需要分配600名员工生产塔基部分量大价廉的产品，确保大部分员工有活干；分配300名员工生产塔腰部分量价齐优的产品，保证企业的利润；分配100名员工生产塔尖部分量小价优的产品。结合每家企业的订单和产品实际情况，还要重点考虑季节性、客户、行业的单一性，以及订单的偶发性。

好的产品结构设计，可以让企业里不同的产品扮演不同的角色，做到最优组合，共同实现产品销量最大化、企业价值最优化。形象品牌产品，就是用来展现企业形象能力，提高品牌知名度的，由此带动其他产品的销售；利润品，自然就是要产品力强，要是长销产品，比如麦当劳的汉堡，尽管菜单上产品总会有调整，但汉堡一直在；量大价廉的产品，是不能缺的，它能让企业旱涝保收，至少保证企业能够活下去。

平衡好企业的经营风险

企业在经营的过程中面临各种风险，包括政策风险、市场风险、财务风险、法律风险和团队风险等，平衡好企业的经营风险需要从多个方面入手，包括识别与评估风险、制定风险应对策略、建立风险管理体系以及持续监控与改进等。通过这些措施的实施，企业可以更好地应对各种挑战和风险，实现稳健经营和可持续发展。由于每家企业的规模、发展阶段、面临的问题都不一样，无法一一详细分析，接下来，我们从经营策略上通过三个耳熟能详的类比来探讨一下如何平衡好企业的经营风险，我将其称为经营风险控制的三个阶段。

第一个阶段：鸡蛋不能放在一个篮子里

"鸡蛋不能放在一个篮子里"指的是客户的单一性。同一个产品不能只做一两家客户，许多制造型企业在创业初期，接的大多是一些小客户的订单，客户数量也不多。在企业不断发展的过程中，客户数量越来越多，甚至出现一两家大客户，此时老板就会盘算，不做小客户了，专注做一两家大客户就好了。这个时候就需要注意均衡经营风险，特别是企业规模比较大、员工人数较多的时候不能只做一两家大客户的订单，我认为，300人以上的工厂都需要注意这个问题。

经营企业不能只看到眼前利益，不能只做一两家大客户，一定要注重客户数量的储备，即使从经济效益来看，服务小客户不太合算。但是一定要注重小客户的储备：一来储备的小客户极有可能在未来发展成大客户，这种客户的黏性比较强；二来能够很好地平衡和预防经营风险。当然，企业如果规模足够大，直接同时做多个大客户的订单是最理想的状态。

第二个阶段：所有的篮子不能在一辆车上

"所有的篮子不能在一辆车上"指的是产品类型的单一性。一家企业不能只做一个类型的产品，朗欧咨询在深圳有一个做电子烟精密五金件的客户，企业有800多名员工。我记得当时跟这个企业的老板探讨平衡企业经营风险的时候，他说："张老师，就像你提醒的一样，我的鸡蛋没有放在一个篮子里，因为多个品牌电子烟的五金件都是我生产的。"这个时候，我继续提醒道："但你所有的篮子都装在了一辆车上。"说完，老板陷入了沉思，随后开始跟我商量对策。

这家企业把所有的资源都集中在了生产电子烟五金件这辆车上，如果电子烟行业出现动荡，工厂一定会受到影响。一语成谶，2018年8月28日，国家市场监督管理总局、国家烟草专卖局发布了《关于禁止向未成年人出售电子烟的通告》，首次对电子烟销售，特别是对向未成年人的销售行为进行明确限制。2019年10月30日，为进一步保护未成年人免受电子烟侵害，加强电子烟市场监管，国家市场监督管理总局、国家烟草专卖局联合发布了《关于进一步保护未成年人免受电子烟侵害的通告》，要求电子烟生产、销售企业或个人及时关闭电子烟互联网销售网站或客户端，电商平台也要及时关闭电子烟店铺，并将电子烟产品下架。这一通告标志着电子烟"线上禁售令"的正式实施，在当时对电子烟行业的短期影响是巨大的。好在这家企业听了我的建议，提前布局了手机和新能源行业的精密五金件生产，才免受了这一次的影响。

当企业规模扩大，企业的经营范围就不能仅局限于某一类型的产品，而应适当地进行产品的多元化布局，充分利用富余的资源和生产能力，产生"1+1>2"的效应，这样可以平衡企业的经营风险。具体实操需要企业根据自身的实际情况来定。

第三个阶段：所有的车子不能在一条道上

"所有的车子不能在一条道上"指的是行业的单一性。在前文"多元化经营的陷阱"中，针对许多传统企业，我倡议"专业化经营"，但当企业进一步发展壮大后，比如有5000名员工甚至上万名员工，从平衡企业经营风险的角度来看，需要避免行业的单一性。具体来说，企业不能只生产一个行业所需的产品，不能只经营一个行业；应考虑全球化经营，不能只在一个国家经营。

当然，你不能一听到这个说法很有道理，就立刻要去跨行投资几个别的产业，去生产跨行业的产品。要注意，需要根据企业规模和发展阶段等具体情况来定。多元化经营不是无序发展，也不是盲目扩张，一定要结合企业自身的实际能力，以及市场环境的变化，进行科学的判断和决策。企业首先要做精做强，把有限的鸡蛋放入最需要的篮子里，让企业成为行业发展的"领头羊"；其次才考虑多元化经营，做相关产业，延长企业产业链，降低风险，增加企业利润。

关注投资回报率和投资回报周期

投资回报率是衡量投资效益的一个重要指标，它表示投资后所得到的收益与原始投资额的比率。这个比率能够直观地反映投资活动的盈利状况，帮助投资者评估投资项目的经济效益和潜在价值。投资回报率越高，意味着投资者获得的收益越多，投资项目的经济效益越好。然而，需要注意的是，投资回报率并不是唯一的评估标准，还需要考虑其他因素，如投资风险、市场前景、行业竞争状况等。

投资回报周期，也称投资回收期，是指从投资开始到投资者收回全部投资所需的时间，它是衡量投资项目经济效益和投资风险的一个重要指标。投资回报周期的计算通常依赖项目的具体现金流情况，然而，需要注意的是，如果项目的现金流在不同年份之间存在较大波动，简单的除法计算可能无法准确反映投资回收的真实情况。在这种情况下，可以采用列表法或更复杂的财务分析方法，如计算累计净现金流量，以确定投资回报周期。

以上是从概念上对投资回报率和投资回报周期所做的一个说明，其实每位老板或者管理者对这两个词都不陌生，也都能够直观理解，但我想强调的是大家的关注度和重视度。原来投资办企业更多看的是机会、是胆识、是人脉，因为不用太担心回报率和回报周期，而现在，每一次投资都需要极为理性，特别是制造型企业，具有投资额度大、回报周期长、利润率不高、持续性投入等特点，需要我们重点关注。从企业具体投入的项目来看，有以下两个关注点。

第一个关注点：设备的投资回报周期要短于设备实用的周期

设备、生产线这些固定投入回报的周期，要短于设备实用的周期。例如，企业新增一台设备或一条产线，投资回报周期是5年，但如果产品订单没有了，就像当年的口罩机，或者设备技术被淘汰了，导致这台设备或生产线只能使用4年，这一年的时间差是否给予你足够的时间、空间去换市场？这是需要好好思考和盘算的。我常常说：设备的稳定比先进重要，技术改造比换新重要。我们要做好设备的三级保养，延长设备的使用寿命，需要花心思去多做一些技术改造，而不是全然更新，否则投资回报率和投资回报周期是不合算的。

第二个关注点：产品研发、生产、销售周期要短于更新迭代的周期

产品研发、生产的投入包括在技术、模具、生产线布局上的投入，是制造型企业投资比较大的一个方面。经营者一定要注意，产品研发、生产、销售的周期不能超过更新迭代的周期。有些产品的更新迭代周期非常短，或者有非常强的时效性，例如挂历、月饼等季节性产品，它们的生命周期高度依赖于特定的时间段。一旦这些产品被生产出来，但错过了其对应的季节或节日，其价值通常会急剧下降，甚至变得毫无用处。

打造好企业的护城河

企业野蛮式增长的年代已经过去，商业模式创新的时代一去不复返，当下企业最需要做的就是难和正确的事。

"难"指的是赛道和门槛。你必须不断地给自己造城墙、造护城河。现在各大行业的赛道都挤满了人，你要选择的可能只有那个大部分人认为很难的赛道。只有难，才能让真正有实力的企业生存下来；只有难，才有足够高的门槛，才能形成你独有的竞争力。一直以来，我们都在追求规模、追求速度，但在当下乃至未来，要向追求核心竞争力的打造转变，向做精做强转变。企业的经营规模可以做大，业务模块可以做小。做大使平台能力增强，做小才能细分，才能做精、做强，才有竞争力。我相信未来在中国一定会诞生许多小而美的百年企业。

"正确的事"指的是方向和决策。企业经营的方向和决策是企业经营成败的关键。企业要想活得久一点、活得舒服一点，一定要构筑自己的护城河。护城河指的是核心竞争力或者综合实力，换句话说，就是相较你的同行而言，你的企业所具有的行业壁垒。有了壁垒，就算行业再"卷"，你的企业也不会轻易地被竞争对手侵占市场份额或压缩利润空间。那么，企业有哪些护城河呢？

第一条护城河：资金

在资金方面：企业要有安全储备、高周转率、低负债率。多数民营企业的资金是靠自己积累的，所以常常出现以下情况：赶上行业发展好的时候，想要做更大的业务才发现自己没有足够的资金，或者着急扩大了规模,才发现资金跟不上;赶上经济形势不乐观的时候,货款收不回来,员工工资都没着落。这些情况让企业面临着资金链断裂的风险,这是企业资金管理能力不足的体现。企业在正常经营的时候,就要定期盘点,做好收支平衡,同时要做好资金储备。一般来讲,制造型企业至少要有3个月产值的月度资金储备。现金流要有高周转率,这样即使有突发情况,也能抵挡一段时间。有时候就是过了这几个月缝隙的时间,企业就能渡过难关。企业资产负债率高,债务压力就大,风险也大;资产负债率低,企业就比较稳健,因此资产负债率要尽量低一些。

第二条护城河:技术

在技术方面:要研究一代、储备一代、运用一代。这是我和设备生产企业老板交流的结果。朗欧有个咨询项目是做设备的,这家企业的老板带我去他们车间参观,向我介绍:"张老师,我明年就准备上升级版,今年出货的还是这个老款。"我说:"你的新款设备今年都已经出来了,为什么不直接推这款呢?"他说:"张老师,不行啊,我们的产品是每年都要升级一次的,要是今年卖明年的升级款,那明年卖什么呢?又怎么扩大规模、怎么升级迭代呢?"其实,这位企业老板的做法,就是研究一代、储备一代、运用一代。研究的是方向,储备的是能力,运用的是关键,只有这样才能让企业的产品有产品力,能够一直在市场中占据有利地位。

当然,仅拥有技术能力,而不去保护,依然难以形成坚固的护城河——需要为企业的技术申请专利。如果你的技术产品受到专利的保护,同时市场上不存在真正的替代品,那么,专利就会阻止你的同行参与同质化竞争。现在我去考察发现,很多企业有一面墙叫技术专利墙,这是一件好事。这里要强调的是必须是真原创技术专利，是原始创新，而不是模仿式创新。只有真正的原创技术，才能成为企业的技术壁垒，现代化企业大多已充分认识到了这一点。

真正革命性的技术是可以让市场忽略成本的，就像我们很少听说谁在讨论芯片的价格高低，也没有听说谁在讨论光刻机的成本。独特的技术创新能够为企业创造难以复制的产品或服务，从而使企业在市场上形成差异化优势。这种技术优势可以阻止竞争对手快速进入市场或模仿你的产品，从而为企业赢得宝贵的市场份额和时间，因此，开发真正革命性的技术是构建企业竞争优势和防御壁垒的重要手段。

第三条护城河：人才

在人才方面：要重用一代、培养一代、启用一代。经营企业，关键是要经营好人才，而经营好人才的关键是重用人才、造就人才，给人才施展的机会，就是要做好人才梯队的建设。现在流行的说法——重用"80后"、培养"90后"、启用"00后"，本质上就是人才梯队的建设。打造人才梯队的目的，就是为企业中长期发展目标或战略转型的实现提供人才保障。

有的企业好不容易决心上个软件系统，最后才发现企业里会用的人比较少。其实，这就是前期没有规划好人才队伍。企业既然有了想法，就要提前挖掘、培养一批适用的人才，而不是临时抱佛脚。这就是要培养一代，要做好储备人才的工作，着眼于企业的未来。

对于当前的经营，企业一定要重用一代，要明确一批骨干人才。你不重用人才，企业无法发展，就谈不了未来。有人曾问比尔·盖茨："如果让你离开现在的公司，你还能创办第二个微软吗？"比尔·盖茨回答："能，只要允许我带走100人。"比尔·盖茨的个人能力固然很强，但要创办一个强大的企业，必须重用骨干人才。企业在经营中要抓住关键的、少数的骨干员工，通过这些人才调动其他员工的积极性和创造性。

企业还要启用一代，在启用中发掘潜在人才。阅历尚浅的员工没有展示出自己的才能，也许是因为没有一个好的训练和展现的平台。对于这些员工，你要给他工作的机会，给他培养的平台，给他成长的时间。

很多企业人才梯队建设培养计划分为三部分：雏鹰计划、飞鹰计划、雄鹰计划。"雏鹰计划"是启用"00后"这一代；"飞鹰计划"是培养中层，就是"90后"这一代；"雄鹰计划"是重用核心骨干人才，就是"80后"这一代。有的企业会有启航营、续航营、领航营，类似地，企业就形成了一条完整的人才链，也有了后备人才库，这也是企业一条重要的护城河。

第四条护城河：管理

在管理方面：要高直通率、高效率，成本最优。从产品生产的角度，需要高直通率；从组织运行的角度，需要高效率；从企业运营的角度，需要成本最优。成本控制不局限于生产成本，管理成本也是企业经营的一大支出。企业在管理上要想办法降低成本，比如可以借助数字化工具，实现对企业各项生产、业务的实时监控、全面分析，降低企业经营风险和成本。管理还要日清日高，提升效率。日清日高，就是每天的工作要清理，每天要有所提高；今天完成的事情必须比昨天有质的提高，目标也必须更高。把管理问题的解决控制在最小范围内，消除管理的死角，提高管理和生产的效率。

需要强调的是，成本最优并不是无限降低成本，不然很容易就会变成"偷工减料"。换个角度来讲，成本最优就是追求极致的性价比、性能比，同样的价格、材料，产品质量要比同行的好；同样的材料和产品品质，价格要比同行的有优势。

人才的适用比高能重要

企业发展，必须依靠人才，而且很多企业认识到，比人才更重要的是人才的适用和匹配。企业在发展的过程中，对人才的需求是随着企业规模的扩大而不断发生变化的，规模越大，所需的专业化人才越多，规模越小，所需的通用化人才越多，重点在于人才与企业发展过程和规模的匹配，最好不如刚刚好。超前不行，滞后也不行。

首先，从实际工作的角度来看，人才的适用性至关重要。一个岗位或任务往往需要具有特定技能和知识的人才能胜任，而这些技能和知识并不总是与个人的整体能力或智商直接相关。例如，一个技术岗位可能更看重候选人的专业技能和实践经验，而非其理论水平或综合能力。在这种情况下，一个技能熟练、经验丰富的中等能力者可能比一个高能但缺乏实践经验的候选人更适合该岗位。

其次，从团队协作和组织管理的角度来看，人才的适用性也非常重要。一个团队中的成员需要相互协作，共同完成任务。如果某个成员的能力很强，但无法与其他成员有效沟通或协作，那么他的高能反而会成为团队的负担。相反，一个适用性强的人才能够迅速融入团队，与团队成员建立良好的合作关系，从而提高团队的整体效率和效能。

我们有个咨询项目，客户有三四亿元的年产值，动不动就去外面请"高人"，而且一谈就是五六十万元的年薪，一般来说，对于年产值二三十亿元的公司，中高层也差不多是这个收入，但结果还是招不到满意的人才，招来了也留不住。经营企业，不是高薪招个高管就能创造奇迹的。

经营企业的道路上没有奇迹，只有轨迹。我们所看到的每一家企业之所以能够在短短的几年里便成为行业翘楚，靠的不是奇迹，而是轨迹。你可以跟这些企业老板交流一下，看看他们每天睡几小时，看看他们的学历、他们的用心、他们的方法，了解一下他们背后的高人、他们的资源、他们的实力，最终你会发现，企业的经营都是在雪地上一步步行走的，每一步都有脚印。

人才也是一样，要循着企业发展的轨迹去寻找和吸引人才。人才的适用比高能重要，你的企业处在什么样的发展阶段，你就用什么样的人才。这并不意味着高能不重要。高能的人才往往具有更强的学习能力、创新能力和解决问题的能力，他们能够在面对复杂问题时提出新颖的解决方案，并带领团队不断向前发展。因此，在选拔和培养人才时，我们既要考虑其适用性，又要关注其发展潜力和发展空间，重点是考虑企业组织能力与人才的匹配。

以上对经营意义的理解和对经营要诀的提炼，以及对经营误区的解读和对经营要点的阐述，都是我带领朗欧咨询的老师们在为企业提供实战咨询的过程中的切实感受，也是我与众多企业家交流的心得分享，希望能帮助大家理解经营、重视经营，避免踩坑，降低试错的成本。

第十四章
企业经营的三个坚持

每年都有不少企业老板跟我诉苦:"今年制造业真的太难了,不知道路在何方,也不知道自己的工厂能撑到哪一天。"虽然年年抱怨,但年年都还活着,可谓是年年难干年年干。这实则反映出不少企业老板内心深处难以言喻的焦虑与不安。毋庸置疑,每个时代的大环境对于企业来说都充满挑战,但一位优秀的企业家和企业老板,其核心能力恰恰体现在处理危机上,无论大环境如何恶劣,他们都能营造一个相对稳健、有利于企业发展的内部环境。他们懂得顺应局势,不断自我革新。那么,如何自我革新呢?在企业内部,我认为要坚持做好以下三件事。

开展组织结构变革

战略决定结构,这是美国哈佛商学院管理史学家钱德勒在 20 世纪 60 年代提出的观点,他在《战略与结构》这本书中,提出"环境决定战略、组织结构要适配战略"的主体思想。先锋企业华为组织结构的演进也是基

| 企业的定力：定战略　谋经营　强管理

于"战略决定结构"这一核心原则，这为华为的成功奠定了坚实基础。

战略助推企业发展，经营成就商业模式，管理持续创造价值，只有战略、经营、管理"三位一体"，相互匹配、相互促进，才能决胜于万变的市场，这也是我写本书的初衷。

每个企业都要遵循"战略决定结构"的组织原则，在市场变化中调整战略，在战略实施过程中调整结构，也就是要持续开展组织结构变革。就当下而言，制造业被很多人视为步入了"寒冬期"，"剪枝""瘦身""精健"是这一时期企业进行组织结构变革的关键，简言之，就是要"组织瘦身"。

"剪枝"是去除冗余部门与流程，"瘦身"是精简人员与调整成本结构，"精健"是强化核心能力与组织效率。比如，重新梳理组织架构，剪掉重叠的架构，厘清岗位职责职能；淘汰企业里那些不求有功但求无过的"老白兔"；优化流程，把有利于组织效率提升的流程梳理出来，狠抓落实……

什么样的企业需要"瘦身"？

一是犯"大企业病"的小企业。比如，机构臃肿，"不赚钱的员工"太多；流程烦琐，追求形式主义；人浮于事，组织效率低下；管理失控；等等。这就需要精减流程，减少组织层级，进行内部机构"瘦身"，撤销和处置冗余的机构和人员，让小企业发挥小企业的灵活优势，提高组织效率。

二是部门墙、部门堡垒严重的企业。有的企业本身规模不大，却一味追求大企业的"专人专干"，美其名曰"科学管理"，导致内部专业分工过度细化、部门繁杂、壁垒严重、沟通协作不畅等。这样的企业同样需要"瘦身"，以此打破部门墙，提升跨部门协作效率。

三是犯"懒病"的大企业。淘汰那些对企业有负面作用的"老白兔",让大企业发挥大企业的资源和人才优势,就像一个肥胖的人要去健身,减掉不必要的肥肉,练出健康的肌肉,让身体的状态变佳。

四是业绩增长乏力的企业。不少老板都有一个困惑:企业营业收入年年增长,从 5000 万元做到了 5 亿元,利润却没有 5000 万元营业收入时高,人也越来越累,感觉拉动企业继续增长的"火车头"越来越吃力了。这时候不要只盯着市场,还要关注企业内部的组织变革,提高组织的适应性和灵活性,提高组织效率才是真正的突破口。

开展精细化管理变革

有别于组织变革,管理变革更侧重企业管理方式的改变,即企业通过引入新的管理理念、方法和工具,对管理过程进行改进和优化。

以前,很多老板不太相信管理,或者说不注重管理,因为市场环境好,竞争也不激烈,管理差点也没有关系。但在今天,企业面临国内、国外双重竞争,各行各业都进入"内卷"状态。老板们已经意识到,要想在竞争的洪流中站稳脚跟,"卷"赢对手,就要有自我变革、"刀刃向内"的精神。

对于制造业,企业竞争的本质就是效率、品质、成本的竞争,而管理的本质就是提高效率和品质以及降低成本,这也是企业开展管理变革的目的。

我们要通过精细化管理,让效率和品质成为企业的核心竞争力。作为企业的老板或高管,如果你还需要天天盯着工厂车间去解决效率的问题、品质的问题,那说明你的这个工厂的竞争力是有大问题的。不是说不需要

| 企业的定力：定战略 谋经营 强管理

老板去关注，而是当下的市场环境需要老板具备全方位经营企业的能力。

我用六个"化"来概括企业管理变革的目标和方向，即数据化、标准化、流程化、机制化、信息化和数字化。我们可以借助多样的工具和科学的体系，或者第三方咨询公司的力量做到这六个"化"，从而逐步固化企业的内部管理体系。只有内部管理体系固化好以后，我们才能够把产品保质保量地交付给客户，让保质保量成为最基本的条件，而不是最高的要求。

开展人才测评

现在不少企业的现状是：优秀的人才进不来，不适应企业发展的人才出不去；效率低下的员工占据了重要岗位，有能力的员工留不住，继而流失到竞争对手的企业里发光发亮；老员工倚老卖老，新员工受打压；员工的晋升与降职，完全听凭领导的"一言堂"……人才不更新、人才不培养、人才不测评，我们怎么知道哪些人才是企业当下发展所需要的？又怎么去更新技术，怎么为走向全球输出产业人才，怎么去做营销，怎么去做全球供应链？等等。

要打赢这场全球化的硬仗，我们要有足够的人才。这就要求企业要通过组织变革、管理变革，大刀阔斧地开展人才测评，建立能者上、平者让、庸者下的人才机制，建立一个年轻化的高效团队，帮助企业激活人才、激发创新。当然，这里的年轻化并非纯粹指年龄上的年轻，更是指思维上的年轻，不故步自封，勇于创新，紧跟时代的变化。

第十五章
自我管理的三重境界

我们常说管理管理，往往把关注点放在他人身上，其实管理的重点不是别人，而是自我。自我管理是对自己的目标、思想、心理和行为等表现进行的管理，其越来越受到企业家、管理者的重视和运用。比如，企业固定频率地召开各种例会；要求员工统一着装，统一穿工衣。又如，雷军、周鸿祎等大咖级人物总是千篇一律的着装……其实，这些行为的背后都是基于对自我的管理。自我管理有三重境界，以下将从时间管理、心力管理和能量管理三个维度解读如何做好自我管理。

时间管理

时间是公平的，时间是可量化的。常言道，时光飞逝，岁月如梭，我们常用这句话感慨时间对人的无情，时间流逝太快，来不及去追悔过往。但是在这世间，最公平的也是时间，因为它对每个人都是一样的。比如，疫情防控期间，有一段时间上不了班也不能外出，有的人利用这段时间阅

> 企业的定力：定战略　谋经营　强管理

读、学习、思考，汲取他人的智慧，思考自己的职业发展和企业的战略规划，收获满满；有的人则将时间用在吃喝玩乐上，除了享受那短暂的愉悦和低级的快乐，并没有实际的收获。

如何做好时间管理呢？分两个层面。

第一个层面：浅层次的时间管理

化被动时间为主动时间。经常有企业家跟我沟通交流，在这个过程中我发现两种截然不同的场景：有的企业老板每天非常忙碌，跟我沟通的时候电话不断，来一个接一个，然后跟我讲："张老师，不好意思。"时常打断正常的沟通，这样的沟通既没有质量也没有效率。而有的企业老板从不在正式沟通的过程中接打电话，每天有条不紊地开展着各项工作，而且非常有效率，企业的经营管理状况也非常好，这类老板懂得化被动时间为主动时间。

化零散时间为整块时间。企业里很多老板、管理者天天都在忙，实际上是在"救火"，这儿有人反馈问题扑一下火，那儿有人反馈问题又扑一下火，本来应静下心去做根因分析的整块时间被切成碎片化的时间，工作变得没有效率。我们对不同的决策审批事项，需规定在特定的时间完成，这就是化零散时间为整块时间。化零散时间为整块时间的重点在于化小时间的颗粒度，指的是将时间管理单位化小。比如，你的工作计划是以月为单位还是以旬为单位，是以周为单位还是以天为单位，是以小时为单位还是以分钟为单位。时间的颗粒度越小，时间管理效果越好，整块的时间就越多，因为都是按计划进行，这背后是对整体时间的运用效率。又如，企业里的报销规定，如果每天不同部门的人都在走报销流程，那么领导可能每天都要处理报销审批，财务每天都要处理报销；如果规定每周五下午为报销时间，就可以化零散时间为整块时间。

化无效时间为有效时间。比如，我们坐飞机、坐高铁，可以看看书，可以远程办公，可以开电话会议等，我们赋予了本来无效的时间以价值、意义。又如，在疫情防控期间，为了不浪费时间，我决定系统地梳理朗欧咨询多年以来的驻厂管理心得体会，很快地，以"组织管人，流程管事，绩效分配价值"为核心的框架内容就出来了。《组织才能管好人》这本书也是我在与1万多名一线经营管理者进行深入交流的心得体会和对200多家制造型企业管理实战的经验进行总结的基础上，在疫情防控期间落笔成书的，那段时间我更能够心无旁骛地去构思这本书的结构、内容，这就是化无效时间为有效时间。再如，乘坐交通工具或者自己开车的上班途中可以听听音频，也是化无效时间为有效时间。

第二个层面：深层次的时间管理

时间管理的深层次境界就是暗时间和正念时间的管理。

暗时间：顾名思义，就是藏在暗处不容易被发现的时间，或者说容易被忽略的碎片化时间。比如，开车、坐车、走路等碎片化的时间都属于暗时间，自我管理做得好的人懂得用好这些暗时间，不断学习、思考。

正念时间：正念时间是指个体在特定时段内，将全部注意力集中于当前正在进行的活动或体验上，不被过去或未来的思绪干扰，也不进行任何评判或批评的状态。

"正念"这个概念源于佛教禅修，起源于2500年前的巴利语"Sati"，其首次在佛教经典"四念住"中被提及，并在大约2600年前被佛陀正式介绍为原始佛教中最核心的禅修精髓之一。是从坐禅、冥想、参悟等发展而来，是一种自我调节的方法。就是有目的、有意识地关注、觉察当下的一切，而对当下的一切又都不做任何判断、分析、反应，只是单纯地觉察它、注意它。

《了凡四训》中有言，"凡人难作圣，只为妄念缠"。我们凡夫俗子都是妄念缠身的，妄念无时无刻不存在着。我们思绪万千，妄念纷飞，这就需要我们懂得觉知自己的正知正念，守护正念最好的方法就是专注、热爱你当下所做的事情，也就是我们所说的用好正念时间。把正念的时间用好，就会把当下正在做的每一件事情做好，就能够步步为营。

心力管理

心力是什么？我们常说"心力交瘁""心有余而力不足"，从这些词语中我们很容易理解心力就是心的能量，是对事物关注的程度，它作用于我们的行为，而且人的心力是有限的。

做好心力的管理，我们要懂得化繁为简，减少选择，从做加法转向做减法。

就拿我来说，我有个习惯，每到停车场停完车后我会拍照记录停车位置，每次住酒店都会先把房间号拍下来。有次住酒店，有个接待我的企业老板很诧异，问道："张老师，您这个都要记录啊？张老师也没到会忘记房间号的年龄呀。"其实，这就是节省心力的做法，当我拍照的那一刻，就不用担心因忘记房间号而找不到房间，房间号这件事就不会占用我的心力。

企业管理中还有哪些节省心力的例子呢？比如，企业统一工作服。工作服的统一让200个人、300个人、1000个人、1万个人不用每天上班都为自己的穿搭花费心力。节省1个人的心力，你可能觉得微不足道，但是

1000个人、1万个人呢？同时，在上班的过程中，员工也不会花心力关注别人穿什么。这就叫化繁为简，做减法，减少选择，增加我们心力的容量。

又如，在特定的时间干特定的事，在企业里，我们有生产协调会，解决生产异常协调的问题；有管理周例会，在周例会上，每一个部门进行一周工作的总结，并计划下周的工作；有品质周例会，我们围绕质量问题展开汇报和研讨。我们还有月度、季度、年度的经营分析会等，这都是以固定频率、在特定的时间做特定的事，培养团队专注力，做好我们的心力管理。

能量管理

时间管理是让我们用好碎片化时间，是效率管理。有时间了是一回事，人的状态好不好又是一回事。所以，我提出要做好心力管理和能量管理，我们要关注注意力和能量，提高自我管理的质量。

能量是守恒的，这并不是说我们人的状态就是恒定的，相反，从时间的角度来看，我们的能量或状态在每个时间段都是不一样的、是起伏的。比如，一般人早晨、上午的状态较好，精神抖擞，注意力能高度集中，工作效率极高；到了中午或下午，精神和情绪萎靡，不容易集中精力。又如，遇到困难、压力的时候，我们会沮丧、会抱怨、会放弃。

我们每个人都要做好能量的管理，能量管理是最高层级的自我管理。我们要聚焦、专注，在起心动念处下功夫，这样才能够很好地管理我们的能量。当自己状态不好的时候，要觉知到自己的起心动念，并立刻做出调整，确保做任何事情都能够能量满满、用心专注。

自我管理有三重境界：时间管理、心力管理、能量管理。我们不仅要通过时间管理提高工作效率，还要通过心力管理、能量管理提高自我管理的质量。

自我管理是人一生的修行，优秀的人都是自我管理的高手。

管理篇
管理持续创造价值

第十六章
企业管理的目标和阶段

企业管理学，在 19 世纪工业革命期间逐渐兴起，20 世纪初随着泰勒提出"科学管理"理论而进入了一个新的发展阶段，如今又经历了 1 个多世纪的演进。越来越多的人意识到管理的重要性，并重视起管理的研究与实践，充分认识到管理给企业持续创造价值的能力。

企业管理是对企业生产经营活动进行计划、组织、指挥、协调和控制等一系列活动的总称，是社会化大生产的客观要求。企业管理是尽可能利用企业的人力、物力、财力、信息等资源，实现省、快、多、好的目标，以取得最大的投入产出效率。

企业管理的目标

企业管理的目标是一个多维度、综合性的概念，旨在确保企业能够高效、稳定、可持续地发展，并满足各利益相关方的期望。我从事企业管理研究 10 多年，长期带领咨询团队深入工厂一线，对企业管理的目标我有三点体悟。

第一个目标：把事做正确

降本增效是企业管理的重要目标之一。每个企业都应狠抓成本管理，向管理要效益，但不能把降本增效简单地理解为降低材料成本，而是要在提高生产效率和降低浪费上下功夫。如果企业一味追求产品材料成本的降低，就会影响产品的质量。需要结合企业的规模、发展阶段以及产品的市场定位做好投入产出的核算，对于没有利润或利润不高的产品通过管理提升效率、减少浪费以合理地降低成本，从而增加利润，提升企业的市场竞争力，这就是把事做正确。

第二个目标：把路走正确

一个企业不可能是一成不变的，在发展过程中，面对不同的市场环境，为了生存、壮大，企业需要做相应的改变。团队在经营的过程中，不一定能保证每个决策都100%的正确，这就需要在执行的过程中通过管理来弥补，对决策进行纠错、应变和调整。正如一些职场精英所说："哪怕领导决策错误，我也能做好，用结果让决策变正确。"这体现的是在管理的过程中团队的纠错能力，也就是把路走正确。

第三个目标：把人变正确

一个企业要有培养人才的能力，每一个优秀的企业都应当是一所学校，不是教知识，而是为整个行业培养优秀的实战型人才。通过管理提升组织能力，培养优秀员工和专业人才。企业最终是靠人才来运作的，企业成就员工，就是成就自身。企业的管理也是要把人变正确，让员工觉得在这里工作是心安的，是能成长的，是能长期发展的，他就能发挥主观能动性，有追求就能自律，把工作当作自己的事业，把公司当成"我们的"公司。

企业管理的五个阶段

从实战的角度我们理解了企业管理的目标，同时我们需要了解企业管理的五个阶段，方便我们对照和学习。

第一个阶段：基于信任简化管理

在企业创立初期，有几十个人，员工数量不多，管理也不健全，企业首先考虑的是生存问题，老板的关注点也在企业的生存上。大小事情都靠老板盯着，甚至是老板带着大家一起下车间，一起跑市场，一起跟售后……在这个管理阶段，老板往往采用"人盯人式"的管理方式，大小事情一起抓。管理依赖的是团队成员的用心程度和个人的工作经验及能力，靠的是老板的个人魅力和私人情感，甚至靠的是亲戚朋友的用心帮衬，本质上是基于信任简化管理。

在这个阶段，团队管理主要是靠老板的个人魅力和能力，出问题了，就批评一顿；接到大单了，就请大家吃顿饭；赚到钱了，就给大家多发点红包。所以许多中小企业的老板是全能手，什么都会，什么都能干，在创业初期，大部分老板是这种状态。

第二个阶段：基于制度强化管理

当企业发展到几百人以后，会发现"人盯人式"的管理方式行不通了，老板很累，还管不好事，问题层出不穷，主要是员工的行为不受控。

这个时候就要开始定规矩、建制度、设流程，开始勾画工厂的组织架构图。这一阶段属于制度化管理阶段，针对的是员工的行为，背后的指导思想是约束和控制——约束员工的行为，控制员工的随意性。

在这个管理阶段，企业开始注重数据，管理者开始学会用数据说话。建立一些奖惩制度，将员工的行为与收入挂钩。在这个阶段，企业管理初具雏形，团队开始具备组织管理意识，同时开始吸引一些专业的管理人才，让企业有一个良好的运营基础。

第三个阶段：基于机制优化管理

当企业再发展，会发现简单的流程制度管不好企业了，企业出现了"部门墙""部门堡垒""孤岛式流程"等现象，这个时候需要基于机制来优化管理。一方面，做好组织建设，完善并优化企业的组织架构，关注部门之间的协同效率；另一方面，建立机制，让管理团队具有经营意识，主动去关注管理成效，关注企业风险和经营结果。

在这个阶段，许多企业的各种软件也开始上线，如 ERP、MES、CRM、PLM 等。管理软件是组织管理的工具，是机制建立的抓手，是组织记忆的载体。同时，需要思考战略目标的制定、经营指标的转化和管理指标的达成情况，重点打造组织能力，这一阶段是真正形成企业内部管理体系的关键阶段。

第四个阶段：基于文化内化管理

在这个阶段，企业发展到比较大的规模。企业开始重新梳理和定义企业的使命、愿景和价值观，并且能够让团队内化于心、外化于行。当然，企业文化建设是一个漫长的过程，从创业开始，许多文化在不断形成，只是在这个阶段，需要去总结提炼并且当成一项重点工作去落实和完善。让企业的管理体系、管理文化能够深入人心，能够增强团队的凝聚力。企业甚至可以建立企业博物馆、文化展馆和编制企业文化歌曲等。

第五个阶段：基于信仰外化管理

在这个阶段，企业发展到了相当大的规模。信仰并不局限于宗教定义范畴之内，而是可以体现在人们对某种理念、原则或价值观的坚定信念上。在企业里，信仰就是企业文化深入心性层面的体现。当企业发展到了相当大的规模，品牌知名度高，经营业绩良好，有一个优秀的团队，企业文化就会变成团队的信仰。在这个阶段企业能够承愿达人，以人为本，生生不息；能够激发组织活力，打造高绩效的团队，让员工开显本心，能尽其才、愿尽其用，和企业共同奋斗，互相成就。其实，这个时候，每个人都是自己的管理者。

在这个阶段，企业开始向外输出企业文化，通过文化的输出，为品牌加分，吸引更多的优秀人才加入公司，达到一种良性循环的经营状态。

第十七章
企业管理要解决的五大问题

前文讲了企业管理的定义、目标和阶段，其实如果让我给企业管理下一个更为通俗的定义，那就是"企业管理就是解决企业内部的问题"。这是我 10 多年管理研究和实践的心得体会，因为有问题，所以需要管理。管理是需要成本的，所以管理必须能解决问题，否则管理本身就会造成浪费。无论什么时间、什么阶段，管理都是要解决问题的，接下来我们必须弄清楚管理在本质上要解决的五个问题，然后对症下药。

糊涂账的问题

其实工厂里的很多管理问题，归根结底是糊涂账的问题。比如，这个货什么时候能出？不知情；你的下属去了哪里出差？不知情；这个订单生产完成后投入产出是多少？不知情；开会要求落实的事项，员工有没有完成？不知情。

很多老板、高管为什么焦虑？为什么失眠？就是因为不知情。不知情就会恐惧，恐惧就会焦虑，焦虑就会有情绪，有情绪就无法静心，心不静就会决策不准，进而陷入恶性循环。作为老板、作为高管，心要能静，要成为心的主人，把一切烦恼当成客人。静心不是逃避，而是通过知情系统的建立，让问题减少或得到解决，如此心自然就能静得下来。

比如，明天货运的船期已经到了，但订单到今天还没完成。老板问你什么时候出货，你说大概还需要几天；老板又问到哪个工序了，你说还得去问一下车间；接下去老板再也没有等到你的下文。这个时候老板就要发脾气了，因为如果不能按期出货，就只能走空运了，但空运的成本是航运的几倍，这单就挣不到钱了。这样，糊涂账的问题就凸显出来了，从而异常频发，订单不准交，天天忙于救火，从而导致组织效率低下。

必须说明的是，这里说的知情是组织知情。不能一说到知情，老板就去现场，人人盯着，天天待着，事事追着，这就变成了个体知情，工厂到了一定规模，个体是盯不过来的，个体知情很累而且没有效果，还会造成越级管理等诸多问题。这个要点在《组织才能管好人》一书中有详细的阐述。

怎样解决糊涂账的问题呢？

第一，做好基础的数据化管理工作，用数据和事实呈现业绩和问题。

第二，建设标准的工作流程，让工作有章可循，形成数据链。

第三，设计好组织管理机制，让部门之间协同工作，让数据流动。

第四，推进企业信息化、数字化，让工作留痕，形成组织记忆。

实时掌握数据，关注事实，打造组织管理，做到系统知情，才能做到对事情的整体运筹帷幄，从而解决糊涂账的问题，做到知情才能静心，进而实现企业管理的良性循环。

| 企业的定力：定战略　谋经营　强管理

不想干的问题

不想干，是员工的动力问题。员工不想干，原因有很多：可能是工作做多做少一个样，员工没有努力的积极性；可能是员工不满足于基本工资，想要迎接更大的挑战，获得更好的激励因素；可能是员工觉得在企业没有前途，看不到希望；也可能是员工自身能力不足，缺乏前进的动力；等等。

从企业管理的角度来看，企业要做的，就是建立健全科学的绩效管理机制，激发组织的活力。一个企业如果没有搭建好绩效管理机制，所有的考评就只能靠领导的感觉判断，谈不上公平公正，员工也就没有干下去的动力。建立健全绩效管理机制，其实就是企业给员工一种愿力，让员工有自己的目标，通过自我激发、自我驱动，他自然会想方设法地达成目标。

事实上，每一家优秀企业都有一套独特的绩效管理机制，由此可见绩效管理机制的重要性。比如，阿里巴巴的业绩与价值观的双轨制考核，要求结果要好，过程也要好；美的集团的玻璃箱式控制的分权机制，核心在于责权利的"三位一体"；谷歌的目标和关键结果（Objectives and Key Results，OKR）制度，激发员工自下而上地设立挑战性的目标。机制的名称不重要，团队有活力最重要。每家企业需要根据自身的实际情况量身定制，适合适用就好。

干不好的问题

干不好,是员工的能力问题。企业之间的竞争归根结底是人才的竞争;企业的管理,核心也是对人才的重用。在所有的资源配备充足、准备工作充分、技术支持到位的前提下,结果不理想,就是员工的能力问题了。企业要管理好人,重点在于人才的培养、人才梯队的建设和团队的打造。

(1) 培养人才是企业的主要职能

很多企业存在一种现象,不在内部找人才,一味迷信"空降兵"。仔细想来,你招来的人其实也是其他企业里的人,别人招的人也是你的企业里的人。我见过很多企业曾迷信"空降兵",但最后那些出类拔萃的"空降兵"都离开了。长远来讲,公司要致力于自己培养人才,引进人才只能作为一个辅助手段。

人才是企业自己培养出来的。培养人才需要老板或高层充分的信任和放权,也需要企业培训体系的支持,以及激励因素的支撑。

(2) 人才梯队的建设是关键

人才梯队的建设就是让人才形成梯队,能够人尽其才,后备有人。重用企业的骨干人才,由少数的骨干人才调动大多数员工的工作积极性;挖掘、培养备用人才,为企业的发展或转型做好人才储备;启用阅历尚浅的年青一代,给他们训练和施展才华的平台,在启用中开发潜在的人才。形成人才梯队,增加人才密度,才能让企业在发展的过程中有人可用。人才梯队建设是个系统的工程,需要从长计议,不能等到需要用人的时候才想起人才的培养，从成立公司的第一天起，就需要重视人才梯队建设的相关工作。

(3) 团队的打造是重点

很多管理者把团队的打造简单地理解为搞团建活动、开动员会、喊口号、搞"家文化"等。这些当然不失为辅助的办法，但光做这些，最仅只会流于形式，也会让员工不认同甚至反感。打造团队最核心的是要做好四个顶层设计。

第一，职业晋升通道的设计。对于员工来说，首先要有前途和"钱"途。只有给每个员工做好了职业规划，通俗地讲，就是企业里每一个人将现有工作做好后，企业能提供一个更高的职位给他。满足员工的职业晋升需求和理想追求，才能让整个团队有活力。

第二，优胜劣汰机制的设计。这个机制设计的目的是保障优秀员工的利益，不可能保障所有员工的利益，因为企业是营利机构而不是慈善机构。优秀员工留得住，企业才能发展。要给想做事的人以机会，给能做事的人以舞台，给做成事的人以荣誉，给不做事的人以危机。

第三，组织记忆载体的设计。企业要将员工的个人经验通过组织记忆的方式转化为组织经验，从而培养更多有经验的人。在管理的过程中需要"留痕"，需要做好各环节的"档案管理"，将员工个人的经验转化成组织的经验。当组织经验成熟以后，会促进个人经验的持续创新，从而能够更好地培养更多有能力的人。

第四，持续学习机制的设计。并不是每个员工都能保持学习的习惯，持续的学习机制是企业团队的根本优势。每家企业都应当成为一个学习型的组织，要设计培训学习的频率和舞台，给有上进心、愿意学习和追求进步的人机会。朗欧针对每个驻厂咨询项目都会组建企业内部的"××企大学""××管理学院",它是企业内部持续学习的道场。

以上四点,在我的《管理是蓝海》一书中绩效管理章节有详细的解读。

持续干的问题

持续干,是企业的执行力体系建设的问题,就是你怎么保证大家持续执行,你的保执行机制是什么。我们很多时候一抓执行力,就想着设制度,以为建好制度就能保证员工的执行力,但制度的建设是有成本的。就像法律的修订,比如《中华人民共和国道路交通安全法》,每年国家仅为查酒驾就要付出很大的成本,包括执法管理人员、检测材料、时间等。在企业里也如此,你不要随便出规定,不要随便做流程,不要随便设制度。一旦设定一个制度,你就要想着怎么落地,并且思考它能不能持续落地,如果分析以后发现是不能够持续做的,那我们宁可不做,因为需要管理成本,而且会影响企业的公信力。

执行力体系的建设需要系统化,朗欧咨询的老师进驻每一家企业,特别是集团化企业,都会成立"稽查部"或叫"稽查中心",系统地打造企业的执行力管理体系。稽查部就是通过稽查员频繁地检查抓落实、改习惯,它是通过对具体的事情的跟进来培养团队的执行力和综合能力的,而不是简单的说教。

创新干的问题

创新干,是企业创新机制的问题。模仿式创新的时代已经过去了,制

> 企业的定力：定战略　谋经营　强管理

造业正逐步转向原始创新阶段，创新干的问题显得尤为重要。创新，要靠员工高度的工作热情和创造的积极性。那么，企业要如何给员工营造创新干的团队氛围呢？企业需要构建管理、技术、技能人才职业发展三通道，让不同类型的人才在企业都有发展的空间，都有展示才华的舞台。

技术是我们制造型企业的核心竞争力，但是很多企业在设计职业通道时忽略了技术人员更高层次的晋升通道，只停留在技术评级这一单一的形式，不利于激发技术人才、技能人才的创造热情。管理、技术、技能人才职业发展三通道，除了让管理人才走管理通道，还拓宽了技术人才、技能人才的晋升之路，让专业水平高、技术能力强的人才走技术通道，让爱钻研、技能熟练的操作性人才走技能通道，从而让具备不同能力的员工可以各司其职和各尽其才。

有了创新的团队，该如何创新？创新哪些东西？对于大多数制造型企业而言，现场改善是一个很好的途径。像实验室技术革新这种大创新，需要投入较多的资金、设备、人员，也承担着更大的风险，很多企业望而却步。但现场改善即使是小调整，也是能立马见效的，更容易实现低成本、高效益、大收获的创新成果。现场改善就是现场发现问题，再通过创新技术、工具、工艺等方式解决现场问题。比如，通过劳动技能竞赛、金点子提案改善活动等，不断激发基层员工参与现场改善的主动性和创新活力。

企业管理是需要解决问题的，无论你是哪个层级的管理者，都要懂得抓住并解决以上五个问题：糊涂账的问题、不想干的问题、干不好的问题、持续干的问题、创新干的问题。我用最通俗易懂的方式进行了呈现，每一个问题看起来很简单，真正解决起来却有大量的工作要做，需要管理者坚持不懈，聚焦问题，关注细节。这几个问题解决了，管理上的许多问题往往会迎刃而解。

第十八章
企业管理的八大陷阱

在企业管理咨询驻厂辅导一线,朗欧老师常常能听到老板和高管的困惑:

·刚开公司的时候,请的都是亲戚,现在公司大了,管理起来自己里外不是人。

·当老板太累了!只要工作交到员工手里,效率就大打折扣,我只能什么都管、什么都做。

·公司制定了很多制度,能规范的都规范了,执行起来却很费劲。

·涨工资、发红包都试过了,员工还是没有工作积极性。

·天天领着员工读《弟子规》,企业文化还是建立不起来。

·规模小的时候大家齐心协力,规模大了,部门职能都全了,反而争吵不断。

其实,有的管理方法初衷是好的,或者在某一个阶段是奏效的,但是管理不能一成不变,否则就容易掉进管理的陷阱中。截至目前,还不存在放之万企皆万能的管理方式，因为每家企业和每位员工都具有差异性，工作环境会发生变化，企业会经历不同的发展阶段，社会发展也会经历不同的阶段，因此管理者要适应变化。以下八大管理陷阱，是很多管理者经常遇到的，这些在管理的某一个阶段或许并非陷阱，反而可能是当时之必要，但随着企业和社会客观环境的变化，管理者如果拘泥于它就会深陷其中，必须尽力避开。

亲情关系的陷阱

亲情关系是如何沦为管理陷阱的

很多老板刚开公司的时候，因为资金不足、人手不够，会请亲戚朋友帮忙。一开始可能很顺利，但随着公司的发展，一些跟不上企业发展的人就成了公司管理的障碍，其实这就是管理掉进了亲情关系的陷阱。亲情关系陷阱的难点是什么？

第一个难点：身份的多样性。

老板或股东的亲戚朋友在公司里的身份是多样的，可能在公司上班是董事长，下班回家是老公；在公司上班是财务总监，下班回家就是老婆；在公司上班是采购部经理，下班回家是小舅子。总之他们既有着公司的职位身份，又有着亲属或私交朋友的身份。不同身份的切换对老板的管理水平有着极高的要求，而如果老板做不到随时切换，就会变成一笔糊涂账。

第二个难点：权责利的模糊性。

身份的多样性导致了权责利的模糊性。比如，我们很多家族企业是二代接班，你要是跟你老爸讲"我们要把权力、责任和利益分清楚"，那迎来的可能就是你老爸的一巴掌了，毕竟在他眼里，什么都还得是"老子"说了算。这里并不是骂人，而是真的是"老子"说了算。因为家庭就是以情感为纽带的，它不是一个正式的组织，而公司是正式的组织，它是以清晰的权责利为标准的。在双重组织关系的背景下，权责利的边界就会变得异常模糊。而且这两种关系都是比较稳固的，亲戚关系不可能说断就断，公司还得一直开下去，要完全切割会产生很高的成本。

第三个难点：管理的非专业性。

在很多企业创业初期，关键岗位大多由亲戚包揽，比如小舅子管采购，岳父大人管保安，老婆管钱，老公去谈业务，弟弟管生产。这些亲人忠诚度高，信任度强，责任心没问题，但他们大多不是管理专业出身，也没有在其他企业做高层管理者的经验，完全是"摸着石头过河"，将企业命运与家族命运做了紧密的捆绑。

以上三个难点造成了三个问题点：生活太透明、公私不分明、管理级界不清明。

亲戚朋友可能是从小看着你长大的，你的好事坏事全知道，性格脾气也都了解，在工作过程中，领导和老板的角色往往会被弱化，从而导致在管理的过程中管理级界不清晰明了，比如老板常常越级指挥。

在有的企业里，一位做卫生的阿姨可能就是老板的亲戚，她看到食堂有很多剩饭剩菜，就直接跟董事长说："你看，饭菜浪费喽。"然后董事长就抓负责人来骂一顿了事。阿姨反馈给你是可以的，但你不要因为阿姨跟你是亲戚关系，她告诉你有很多剩饭，你就特地找人骂一顿，这就是越级指挥、越级管理。如果这样，那就掉进了亲情关系的陷阱。其实这个时候就说明，你该打造组织管理体系了，应当找人事行政部门开会商讨解决这个问题。比如，公司食堂的管理规定、后勤保障的具体执行、菜品的供应链管理、用餐的成本控制，这些都是需要你下功夫的地方。

从下往上，你只能越级投诉，不能越级汇报；从上往下，你只能越级检查，不能越级指挥——这是企业管理的基本逻辑。常规工作汇报是不能越级的，越级就会导致越级管理的问题。如果你汇报的异常工作在直接上司那里得不到解决，你是可以越级进行投诉的，要将工作汇报和异常投诉分而处之。

网上有一个案例，多年以前，富士康的郭总到车间巡查，看到一个员工在车间门口抽烟。他就问：''你怎么能在这里抽烟呢？''员工却对他说：''糟老头儿，你是谁呀？你管得着吗？''很明显，这个员工不认识郭总。越级指挥是不行的，你检查发现他抽烟，最多打电话给事业部总经理，让总经理去处理就行了。总经理会去调查，看看是哪个车间、哪条产线的，让负责的班组长来处理就可以了。如果遇到某个问题，你的直属领导帮你解决不了，这个时候你可以越级投诉，但对于常规工作，你不能越级汇报。

为什么我们在创业初期会让亲戚朋友来公司上班呢？从根本上说，是因为我们的管理体系不健全，所以倾向于任用生活中信任的亲朋好友。也正因为信任，就简化管理了。举个例子，如果让小舅子管采购，就算他吃回扣，那便宜的也不是外人，吃回扣就吃回扣吧，但本能上，你也不会认为小舅子会拿回扣，小舅子也不一定会吃回扣。

如何避免亲情关系的陷阱

对于亲戚朋友多的公司，我们具体应该怎么办？有以下五点要注意。

第一，识别企业的发展阶段，因时制宜。

如果企业处于创业阶段，有很多亲戚朋友在公司是可行的；如果企业处于发展阶段，就需要招聘一些外部人才，或者在企业内部培养、提拔一些非亲戚朋友的人才。同时，在管理的过程中，要一视同仁，甚至对亲戚朋友的管理要更加严格，可以举贤不避亲但要基于事实和工作业绩。可能许多老板会担心自己会不会被人说成"六亲不认""过河拆桥"，其实最重要的是要学会就事论事，要有当"大家长"的魄力。要将亲朋的情义和工作区分开，工作为的是公司的发展、组织的利益，亲戚朋友的情义是不会断的。要学会分权，学会究责，学会清利。

第二，推行组织管理机制，关注组织效率。

老板必须充分认识到企业是一个组织，要将组织利益和家族情感区分开，在公司要以公司利益为首。很多人认为推行组织管理机制会影响家庭关系，这里需要老板把握好组织管理与家族情感的尺度。企业一旦过了创业期，到了发展期，就要推行组织管理机制。这并不是说企业一发展，亲戚朋友就不能用了，而是要从组织管理的角度对管理团队进行测评。对能够跟着走的、有能力的亲戚朋友必须重用；对能力提升跟不上企业发展节奏的亲戚朋友，就需要调岗或者淘汰，但要妥善安排。

企业发展到一定阶段，一定要关注组织效率，而不是仅关注个体效率。当企业发展到一定规模的时候，个体效率之和未必等于组织效率，"1+1"有时未必等于2，也可能小于2，甚至小于1，所以企业一定要从关注个体效率转向关注组织效率。

第三，完成个人情感向组织情感的转变。

老板要想避免掉入亲情关系的陷阱，需要打造的是组织情感。为什么是组织情感？你想想，除亲情以外，世界上稳固的情感有哪些？战友情，因为战友们一起当过兵、扛过枪；同学情，因为同学之间一起经历过难忘的青葱岁月；同事情，因为同事们一起为事业奋斗过。这些情感都有一个共同点,即它们都是建立在部队、学校和公司这些组织的基础之上,都有一个组织的存在。组织情感是最稳固的,而亲情关系是个人情感,公司想要发展,老板在企业里就要从当初创业期所依赖的个人情感向组织情感转变。

　　第四,以结果为导向,以过程为依据。

　　在亲戚朋友很多的情况下,尤其要注意改掉依赖感觉做管理的习惯。对于公司的一些问题,亲戚朋友因为管理专业性不足,总给你讲一些现象,营造一些感觉,这个时候需要看团队工作的结果以及过程的依据,否则就会变成哪里有问题就去处理一下,老板变成"救火队长"。需要强调的是,管理是在一个不断变化的环境中,通过企业的管理者、员工、部门的共同参与和相互配合,实现组织目标的过程。这就要求老板既要以结果为导向,又要重视对过程的管理。

　　第五,打造组织的高度,允许管理有灰度。

　　中国有句古话:"水至清则无鱼。"意思是说凡事有度,在管理上也是如此,要有适度的包容。企业规模大了,就一定会有一些灰度的存在。亲戚朋友的关心是对的,但他们的思维不一定能够跟上你的思维的高度和进步的速度;他们可能还是像管理小作坊一样,一看到有个东西没搞干净、没摆好,就跟你打"小报告",然后你就召集全体人员开会批评。久而久之这种情况会催生出一个复杂的现象:在团队内部,那些没有直接亲戚朋友关系的成员与拥有此类关系的成员之间,会逐渐形成一种微妙的博弈态势,甚至有能力的人才会被排挤。其实,管理的灰度恰好就是你对管理力度的拿捏度,组织管理要有力度,也要允许有灰度。

老板亲力亲为的陷阱

不少老板认为只有自己才能干好，不信任员工的能力；也有的老板舍不得放权，把公司的所有事情都牢牢地抓在自己手里。殊不知，这样只会扼杀团队的创造力，助长团队的惰性，不但企业很难做大做强，自己也会累得要死。其实，这就是掉进了老板亲力亲为的陷阱。

老板在企业发展的过程中，需要根据不同的阶段，不断地调整自己的角色，不断地调整自己的主要工作方向，如此才能适应企业的发展，才能避开亲力亲为的陷阱。关于老板亲力亲为的陷阱，我从人数规模、所处位置、扮演角色和主要工作四个方面详细讲解，其中人数规模只是列举一个相对的数字，以便大家理解（见表18-1）。

表18-1 老板亲力亲为的陷阱

人数规模	所处位置	扮演角色	主要工作
10人	站在队伍前面	球队队长	带头工作
100人	站在队伍中间	球队教练	培养人才
1000人	站在队伍后面	球队裁判	经营策略
10000人	站在队伍旁边	俱乐部董事长	战略方向
100000人	站在队伍远方	场外观众	把握周期

如表18-1所示，当企业的人数规模是创业阶段的10个人时，老板所处的位置，应该是站在队伍前面，扮演球队队长的角色，然后带头工作、事事争先，成为榜样。要跟员工一起干，对技术研发、业务接单、物料采购、工艺流程、售后服务等都要熟悉，甚至得成为最能干的那个人，好比你得"下得了厨房"，要跟厨师一起"炒菜"。

当企业的人数规模达到发展阶段的100个人时，老板所处的位置，应该是站在队伍中间，扮演球队教练的角色，要注重提炼工作方法，找出工作规律，开始培养人才，要学会教员工怎么干，培养核心团队。

当企业的人数规模达到成熟阶段的 1000 个人时，老板所处的位置，应该是站在队伍后面，扮演球队裁判的角色，亮黄牌对员工做出提醒，或者举红牌让员工直接下场是你这个时期的主要工作，要从具体的常规事务中抽离出来。也就是说，你要做好经营策略，要开始回归到企业经营的层面，关注经营风险，关注商业模式，关注盈利能力，关注主营业务的持续性等问题。

当企业的人数达到 10000 人的规模时，老板所处的位置，应该是站在队伍旁边，扮演的是俱乐部董事长的角色，你要看着队伍走，给团队配备资源，把握企业发展的方向，所以此时你的主要工作是确定战略方向，把握经营方向，关注品牌建设、全球化布局和未来发展。

当企业的人数规模达到了翘楚阶段的 100000 人时，企业已经足够大了，老板所处的位置，应该是站在队伍远方，充当场外观众，要有全球视野，主要工作是把握周期。企业和产品是有生命周期的，在信息如此透明的时代，行业、企业和产品的生命周期被压缩得更短了。老板需要站在更高的层次，看透生命周期的曲线，由上一个发展周期向下一个发展周期推进。同时要关注行业周期、产业周期和经济周期，从大方向上把握企业发展的方向。

企业老板、董事长一定要记住，在企业的不同发展阶段，你要扮演不同的角色。就算你是靠自己的能力把企业的年产值从 0 做到 2 亿元，但如果试图以同样的方式跨越至 10 亿元甚至更高的年产值，其难度将呈指数级增长。即便抛开其他因素不谈，仅就个人体力和精力而言，面对 10 亿元级别的年产值，事必躬亲、凡事亲力亲为也将成为不可承受之重。

灵活转换并精准扮演适配的角色至关重要。松下幸之助在企业不同发展阶段会做决策的转变,当松下电器只是一家小小的街道工厂时,他做决策几乎不与人商量,扮演着"独裁者"的角色;等到松下电器做大了,管理人才也培育起来了,他就开始扮演"民主者"的角色,做决策前集思广益,听取大家的意见,关注大家的反应,甚至考虑反对者的想法。这就是企业所处的发展阶段不一样了,老板不管做哪一件事情,对扮演的角色和主要的工作内容都要及时地做出转变。

制度化管理的陷阱

从几个人的小公司到几万人的大公司,都需要制度,但制度管理同样需要成本,并且制度本身也不可能尽善尽美。管理者试图用制度去约束、规范、控制、监督一个团体,使之有效地运转起来。可很多时候,不是制度少了,而是制度多了,不但增加了管理的成本,也使效率降低了。企业往往会陷入"制度陷阱",一个制度出了毛病,再制定另一个制度来限制它,结果制度越来越多,往往造成前后矛盾、执行困难,反而失去效率与效力。

为了方便大家理解,举个简单的例子:公司制定了一项制度,要求办公室做到"人走灯灭"。很明显,这个制度是为了规范关灯的行为,以此节约经营成本。制度是定了,但如果最后一个人走的时候没有关灯,管理者要怎么找到这个"肇事者"呢?你可能马上会想到,可以增设一个岗位,安排一个人在门口守着,看谁最后一个走,但这就无形中又定了一个监督关灯的人的制度。接下去,你又怎么确定这个监督的人会按规定查看呢?如果他没有责任心,这个制度就形同虚设了。也许这个时候,你又得思考怎么监督这个监督者了……如此下去，制度就和俄罗斯套娃一样一层又一层，没完没了。

小企业的"大企业病"，往往就是这么来的，可能人不多、规模不大、业务不多，但机构很臃肿，这就是掉进了制度化管理的陷阱。就像有些公司的销售部门，在内部跑流程所用的时间，比在外面跑客户用的时间还多，这正是制度化管理陷阱带来的痛处。没有制度是不行的，但制度不是万能的，不能为了规范而规范。规章制度要以解决问题、提升组织效率为目标，同时要借助机制来摆脱制度的困境。比如刚刚说到的关灯制度，如果我们把普通电灯设置成声控灯或感应灯，人走它自然就熄灭了；或者将电费成本与团队的收入挂钩。虽然短期来看，配置声控灯或感应灯的成本比使用普通电灯高，但它避免了没关灯造成的浪费，也不用专门增加人力去监督，更重要的是节约了管理成本，长远来看，经营成本是下降的，这就是机制的作用。制度解决的是底线问题，是公司的红线，并不是各个部门工作的最高标准，制度是红线，机制是关键。

利益分配的陷阱

企业利益分配的陷阱主要体现在三个方面。

第一，将利益分配等同于分钱。

华为任正非讲过一个观点："只要钱分好了，就解决了大部分的问题。"这里的钱，不是仅指金钱，而是包括广泛的利益。在很多管理者看来，企业持续发展的动力不是人才，而是利益分配。也就是说，企业的持续发展，离不开一个好的利益分配机制。一个好的利益分配机制，不应该只局限于金钱的分配，而应该多元化，给员工创造更多获得收入的机会，比如固定薪资以外的福利、期权等；同时让员工获得金钱以外的利益，比如名誉、权力这些精神上的资源。

谈到这里，经常就有企业家跟我说："我们企业不大，利润也不多，没那么多的钱，也没那么多资源可分，那我们岂不是没法持续地激励员工了？"

这里可能有个误解，误以为员工只在乎短期利益，实际上，优秀的员工除了眼前的需求，还期望企业给予他长期内在的激励。企业没钱就不能分权吗？没钱就不能分名吗？现在没钱就等于未来也没钱吗？其实，企业完全可以建立分权的机制，可以建立未来的期权机制，等等。

第二，将利益分配公平等同于平均。

一个企业，只有创造相对公平的环境，才能激发员工的积极性，而利益分配是员工衡量企业公平与否最直接的标准。但有的管理者，或为了塑造自己的好人形象，或为了照顾到所有的员工，把公平等同于平均主义，其实这样大大损害了团队的整体利益，有可能会让不努力的员工继续躺平，还让原本努力的员工寒了心，感到不公。

公平比利益本身更重要，重点是原则公平而不是利益平均。人有一个特性，"不患寡而患不均"。在利益分配上，优秀的管理者要做到规则上一碗水端平，让员工"劳有所得，多劳多得"。就像华为把员工分为三类：第一类是普通劳动者，第二类是一般的奋斗者，第三类是有成效的奋斗者。对于这三类员工，华为在利益分配上，通过分钱、分名、分权，让奋斗者冲锋陷阵。

第三，将利益分配看成万能的。

不能把分钱看成企业成功的关键，而应当关注背后的分钱机制。常言道："外行看门道，内行看热闹。"如果没有价值创造，何谈分钱，在当

| 企业的定力：定战略 谋经营 强管理

下，我很少碰到不愿意分利给团队的老板和高管。如果没有管理机制，不能做到精细化管理，只是简单粗暴地认为"把钱分了，管理就好做了"的想法是极其错误的，结果大多是"吃力不讨好"。就像华为提倡的"以奋斗者为本"不是一句口号，是为了不让为公司创造价值的人吃亏。如何培养出"奋斗者"、如何识别和评价"奋斗者"才是企业管理的重要工作。分钱只是结果的体现，价值创造是根本，团队培养是核心，过程评价是关键。

道德文化的陷阱

10多年前，很多企业非常推崇道德标准，曾掀起读《弟子规》《三字经》《心经》的热潮，把它们视为企业的文化，希望用道德文化来约束员工的思想和行为。老板带动员工阅读传统文化经典，这本身是件好事，它能够引导员工树立正确的价值观，但做这件事一定要有正确的目的，如果只是为了"洗脑式"地约束员工的思想和行为，那这个出发点就是有问题的。

就像很多管理者会讨论的一个问题："在有才无德和有德无才两者之间怎么选？"好多人会选择有德无才，当然有才有德是大家希望的，是理想的状态。我个人认为应当分企业发展的阶段来看，如果是在创立初期，管理不规范，这个时候可能强调的是德，因为对人的主观能动性和个体责任心要求比较高；而当企业发展到一定规模，在组织管理健全、流程清晰的情况下，需要强调的是才，只要有才，其他的问题可以通过组织管理来约束和调整。在实际的企业管理中，你会发现，特别强调"德"的公司一般规模较小，管理不规范。做企业，不能掉入道德文化的陷阱。

第十八章 企业管理的八大陷阱

很多企业有团队聚餐的活动，本身这是团队交流的好方式，然而有些老板在请团队吃饭时，并非出于放松团队或给予奖励的目的，而是利用这个机会给员工施加压力。有些管理人员就跟我说："张老师，我最怕跟老板喝酒了，一杯酒下去至少要完成2000万元的业绩，两杯下去就是4000万元的业绩。我喝得很有压力。酒是好酒，但扛不住这完不成的任务啊。"所以我经常说，不要轻易请团队吃饭，要请吃饭，就不要谈任务，没有目的和企图的聚餐才是最轻松的聚餐。

现在机械地将道德标准作为管理手段的企业少了，因为大多数企业转向强调组织管理的方向。在现代企业的管理中，标准是基础，流程是核心，组织管理是关键。当然，不是说道德文化不重要，而是我们不能仅以道德文化的要求来做管理，这是管理的"懒汉思想"，也是道德文化的陷阱。

意见统一的陷阱

在我调研走访企业的过程中，很多老板跟我抱怨"管理团队的意见难统一，管理团队像一盘散沙"。我们当然都希望自己的团队能够统一意见，因为这样一来，大家就会为统一的目标而积极奋斗，但现实中，人的意见是很难统一的。

就像经常会被员工诟病的食堂一样，无论怎么做，总会有员工不满意。因为大家来自五湖四海，饮食习惯各不相同，众口难调。无论在生活里，还是在企业中，我们都很容易掉进意见统一的陷阱。其实意见统一只是表象，重要的是背后的机制统一。那么，作为老板和高管，我们要如何避开这个陷阱，让管理团队的意见很好地统一起来，并且同频共振呢？

第一，目标和利益统一。

目标是方向，利益是同体。谈到意见的统一，很多人首先想到的就是沟通的技术和艺术。沟通的艺术只是外在的呈现，让目标和利益统一才是根本。目标是方向，就是我们要干成一件什么样的事情，我们要达到一个什么样的目标。利益是同体，同体才能共振。我们经常讲，"一条绳上的蚂蚱""一条船上的人"，这就是对目标和利益统一的形象比喻。不少老板为了凝聚团队，总是采用说教的方式，往往只会讲空泛的大道理，不仅没有实质效果，时间一长，反而会引来被管理者的反感。所以，管理团队的意见难统一是表象，目标和利益不一致才是根本，我们首先要从统一目标和利益做起。

第二，责任和权力分明。

权力是范围，责任是要求。给你一个权力，就明确了你的管辖范围、工作的边界以及目标和结果的要求。但一定要记住，一旦离开了责任，权力就一定会落空，利益也会落空。责权利在管理过程中，既是相关的，也是统一的。因此，你要想统一管理团队的意见，就得把他们各自的责任明确好。比如，为了达成企业的利润率目标、利润总额目标、材料产值比目标、人工产值比目标，就要明确每一个人在各自的岗位上要承担哪些责任；如若没有达成目标，也是要承担责任的，因为责任是底线的要求。

第三，机制和规则清晰。

规则是标准，机制是保障。团队涣散如沙，意见难统一，很大程度是因为企业的规则体系缺失，机制建设不健全。这就需要企业建立好规则体系，让大家共同遵守办事规则或行动准则。通俗地讲，我们到底应该如何各司其职，把自己的工作做好？

机制是一种让人自动自发的规则，是我们获得权力和利益的保障。机制不是单一存在的，不是简单的制度和标准的叠加，而是一个系统，是各个部门之间的配合，是硬件、软件的结合，是人、机、料、法、环的结合。简言之，基于规则、标准的处理事情的方法或者流程就是机制。企业要建立一些机制，如人才培养机制、绩效分配机制、组织评价机制等。

第四，路径和渠道明确。

路径是流程，渠道是方式。路径指的是我们开展工作、沟通、交流、讨论的流程。只有路径明确，团队才知道什么事应该走什么样的流程；流程明确，才能有条不紊地进行沟通。渠道是方式，渠道就是人与人之间联系的方式。要想有效沟通交流，就必须明确沟通的渠道，是用 E-mail 的方式，还是会议的方式；是视频会议，还是线下会议；是用文件的方式，还是微信群的方式，抑或用钉钉的方式。

依赖个人经验的陷阱

在管理过程中，我们往往过于强调个人的经验，总想去外面高薪聘请有经验的人才，来达成企业经营管理的目标，但结果往往不尽如人意。其实这就掉入依赖个人经验的陷阱了，如何避免呢？有以下三个要点。

第一，企业管理要以组织能力的打造为核心。

不是说个人经验不重要，但如果完全依赖个人能力，就会忽略组织能力的打造。个人经验是可以迁移的，但组织能力是没办法复制的，这也是为什么很多大企业的管理者，或者同行非常有经验的管理者，被你高薪挖过来后，却没法达成在原来企业所创下的优秀业绩。这并不是因为他不用心，也不能说他能力不行，而是他没办法把组织的能力复制到你的企业。

第二，个人经验要与组织能力相结合才能出业绩。

一个人在一个企业做出成绩，靠的是两种能力：一个是个人能力，另一个是组织能力。这两种能力是双螺旋，我们每一个人都要认识到。你所招聘来的人才，其个人能力可以迁移到你的企业，甚至有所增长，但组织能力具有唯一性和无法复制性。就像老板自己，如果不在自己的企业里，你走出去，别人也不一定认你这个老板，因为作为老板，你的企业也在给你赋能。就像很多企业向华为学习，华为出去那么多高管创业，但至今没有经营出第二个华为，因为仅华为的 15 万多个股东就复制不了，背后是全员持股分红的机制；也有不少企业学稻盛和夫的阿米巴经营模式，还学了很多年，但也没做出一个京瓷。我们每一个管理者，就算在一家企业做得很优秀了，也不要以为这个企业离开你就转不动了，也不能以为在这家企业干得好，到下一家企业一定会干得更好。因为组织能力对你很重要，个人能力要与平台能力相结合，不能错把平台能力当成个人能力。

第三，个人的工作经验不等于工作的年限。

在职场中，很多人把工作经验与工作时间画上等号。工作了 10 年，就有 10 年的工作经验吗？工作经验有两个要素：一个是时间的长度，另一个是能力的强度。工作了 10 年，只是单一从时间的长度上说明了工作经验，更重要的是在这工作的 10 年，有没有一年比一年进步，能力有没有一年比一年增强，否则就只是将两年的经验重复了 8 年而已。这是在职场中我们常常看到的现象，一个工作了 10 年的人未必就比工作两年的人能力强、业绩好。

管理者身份的陷阱

很多管理者从基层做到管理岗，有了"领导"的身份，权力越来越大，收入越来越高，好领导面子，讲领导排场，被下属服务的心态也越来越重。长此以往，就会变成"老白兔""60分先生""老佛爷"，就会掉入管理者执着于领导身份的陷阱，表现为过分强调个人的权威和控制力，试图通过控制决策权、信息流和对下属的影响力来实现管理。这种做法可能导致下属缺乏自主性和创新力，团队氛围压抑，从而影响整个团队的风气。

管理者应当以责任为中心而不是以权力为中心。企业在设定一个岗位的时候，就要考虑在这个岗位要承担什么责任、解决什么问题，以及公司怎样去给到他这样一份权力。比如，经理需要确认下属的报销，那就要给予经理审批的权力，经理就要承担起确认无误的责任。也就是说，担什么责任才给什么样的权力，不担责任，当然也就不用给权力。

一切与企业有关的问题，说到底都是管理的问题。时代在快速发展，管理者也需要与时俱进，否则就会不知不觉地掉进管理的陷阱，经历无谓的挣扎和痛苦。你如果发现管理越来越难，怎么也做不好，不妨对照以上八大陷阱，重新审视自己的管理方法，及时做出调整。

第十九章
企业管理的八大要点

　　作为管理者,你是不是常常有这样的困惑:做管理越来越累,感觉自己不是在"救火"的现场,就是在赶往"救火"的路上;企业越做越大,员工却越来越难管;企业变革了一两年,却越改越乱;团队懒懒散散、没有活力;一出问题,不是优先解决,而是忙着追责、扯皮;招人难,招来人又留不住……其实,遇到这些问题,不是你当不了管理者,也不是团队本身难管,往往是因为你还没有找准管理的要点。虽说对于10人的公司和500人的公司,或者这个行业和那个行业,管理的方法会有所不同,但管理的要点是一样的。

管理体系是一系列有效动作的组合

　　很多老板跟我探讨管理,总是会问:"张老师,你有没有一个很好的管理体系?"我说:"有,但给不了你,只能慢慢做。"我写了几本关于管理的书——《组织才能管好人》《管理是蓝海》,这本书是第三本,每一本

第十九章 企业管理的八大要点

书都是非常用心写的，里面介绍的管理工具、管理方法、管理理念，都是我带领全体朗欧老师在企业里扎扎实实地做出来并验证过的。有人会说请我们做咨询挺贵的，便听听朗欧咨询的系统课程，买几本我的书，回去自学。学习当然可以，但千万不要私自跟着做，因为做着做着就变样了，会起反作用。就像健身一样，其实从知识层面基本的动作和要领都能掌握，但为什么还需要请教练呢？管理升级的关键在于细节的处理以及在遇到问题时的应对方法，这才是教练的价值所在。

平时和企业签约，我最怕遇到有老板跟我说："张老师，三年前我就关注你了。我的企业已经按照你书里的方式做了一年多了，但是现在又出现了各种问题。"听到这样的话，我就担忧：你一年多到底做成什么样了？员工的激情度和疲软度现在是怎样的状态？其实光靠看书，是很难做好的。你们要想，我是干这个职业的，要真拿回去简单就能做，书那么便宜，我就不会出书了。有人可能会说，是不是书里面讲得不够详细呢？我的读者都知道，我的书里有理念、方法、工具、案例，每一本书都经过精雕细琢，再加上出版社三审三校，当然是非常严谨和系统的。但是具体的很多细节没有办法在书中完全呈现，而且如果没有老师现场指导，书中的许多方法和工具是很难落地的。

做管理不能有用一个动作去解决十个问题的思维，所谓管理体系，本质上是一系列有效管理动作的组合。每一个有效的管理动作都要具备三个要素：有效性、连续性和持续性。有效性，是指管理动作能解决问题；连续性，是指管理动作之间要形成链条；持续性，是指管理动作能够持续落地。

每一个管理动作都应当针对问题去设计，目的要明确，动作要具体。多个管理动作之间应当是相关联的，任何孤立的管理动作都不可能长久。

比如，你做了一个表单，里面涉及的生产数量，如果不被核算工资使用，不被入库复核，也不被其他部门的上下环节运用，很短的时间内，要么就成为孤立的数据，要么就成了假数据。在制定管理动作时就应当考虑这个动作能不能长期执行，能不能持续执行。就像在生产车间，准备评选优秀员工，目的是树立榜样，调动员工的积极性，那么就要考虑如何长期执行这个操作，数据从哪里来，评价标准怎么制定，以及评价的频率怎么设定——是每周一星，是月度优秀员工评选，还是季度员工大奖等。

管理中权责利的本质

（1）权力的本质是服务

在和我交流的管理者中，有不少把"管不好事、带不好人"归咎于自己的权力不够大。但通过带领朗欧团队全天候驻厂调研、比较、实践，我发现很多管理者在对权力、责任和利益的理解上有非常大的误区。

公司给你权力，是让你为别人服务、为公司解决问题的。如果给你更大的权力，那就是让你为更多的人服务。很多人经常在公司里面和我讲："张老师，你能不能跟老板说一下，你看下面这个人不服我管，就是因为我权力不够。我现在是经理，要是把我升到副总，我就把他'干'掉；如果你不把我升成副总，哪天我就去找董事长。"这样肯定不行。你想想，就算让你"干"掉一个，还会有下一个，你总不能把人都"干"掉了，然后只剩下你一个光杆司令，这样的后果就是你也会被"干"掉，因为你连自己的部门都带不起来。很多管理者、高管认为，给自己权力就是让自己去控制别人，比如别人的升迁与否、别人的待遇怎么样、别人做得好不好、别人的奖励和处罚，都是自己说了算。

每一位管理者的权力,其实是由两大部分构成的:一部分是公司和组织赋予的行政管辖权,比如决策权、奖惩权、人事任免权、薪资调整权;另一部分是我们自己在工作中争取来的,就是专家权、人格权和表率权。很多时候管理者会狭隘地去追求行政管辖权。比如,这个部门的事都由你来做决策;如果有人调皮捣蛋,你负责去处理;部门人员的工资升降,你负责决定。但一个真正有领导力的人,他所追求的权力,应该是专家权、人格权、表率权。具体来说,就是你的专业能力,是不是足以指导你的团队;你的人格魅力,是不是足以影响你下属的行为方式;你自己作为领导,是不是以身作则。最简单不过的例子,如果你要求你的团队成员按时上班、准时开会,那你自己就不能迟到,这就是你的表率权。

所以,我们不要再纠结企业给的权力够不够,企业能给的就是行政管辖权,这只占你所拥有权力的很少一部分。一个真正卓越的管理者,一定是更关注自己的专家权、人格权、表率权。这三种权力,是可以通过自己的努力去获取的,也是最重要的。管理者只有在这个方向上用功,学会在行权中获取授权,才能够走得更远。

(2) 责任的本质是教育

在企业管理活动中,追究和落实责任是一项绕不开的管理工作。很多管理者甚至是老板经常问我:"责任为什么落实不下去?平时都挺好,一旦出了问题,看起来都有责任,而到了真正追究落实责任的时候,仿佛又找不到具体的责任人。"其实,与其讨论如何追究责任,不如先思考一个问题,追究责任的目的是什么?追究责任的目的本质上是教育,让当事人警醒,让其他人引以为戒。只有明确了这个首要的目的和意义,才能思考追究责任的方法。明白这个意义以后,在追究责任之前就要基于事实做案例的呈现,依据数据和事实而不是感觉。追究责任不是简单的罚款了事,而是要在公开场合追究责任,公开才能促进公平,公平才能打造企业的组织公信力。

(3) 利益的本质是价值

在司马迁的《史记·货殖列传》中有一段话广为流传:"天下熙熙,皆为利来;天下攘攘,皆为利往。"特别是在市场经济活动中,许多人都关注利益,利益怎么来?从哪里来?利益的本质是价值,是为别人提供价值的交换。在工作中,要为公司创造价值;在商业活动中,要为客户提供价值;在生活中,要为亲戚朋友输出价值。

而在实际的工作生活中,人们往往本末倒置,希望在工作中获得更多的收入,在商业中得到更大的利润,在生活中得到别人的帮助。总想着如何得到和索取,最后变成对利益的追逐和索取,而后发现没有人愿意追随你、帮助你,茫然地度过了大好的时光。我们应当回归价值创造层面,思考怎么创造价值,思考如何帮助别人、为别人提供价值,本着这个根本,坚持不懈地努力,最后你所收获的一定是硕果累累。就像比尔·盖茨所说,"能为公司赚钱的人,才是公司最需要的人"。

许多时候我们甚至会做悄然的转化来自我安慰,例如,在工作中,我们会将没有为公司创造价值转化为"怀才不遇",总觉得自己是企业的"雷锋"、是企业的核心人才。从我这么多年跟企业管理人员打交道、做测评的实际来看,90%的怀才不遇本质上是怀才不足。如果没有才,是能力问题;如果真有才,让别人看见和认可你的才华也是一种能力。所以,遇到问题,只能从自己身上找原因,才能解决问题,才能突破;否则,就只能在抱怨中消耗自己,浪费时间和精力。积极面对问题,回归价值本身,才能披荆斩棘,成就自己。

用数据和事实呈现业绩和问题

在企业管理中,汇报工作、部门沟通、人才测评、绩效管理等活动,一定要用数据和事实呈现业绩和问题,要打造数据化管理基础,建立过程数据化链条,塑造结果数据化思维。沟通中要基于事实去呈现,让事情具象化、工作流程化。

(1) 改掉靠感觉做管理的习惯

不要习惯于靠感觉去表达,也不要毫无依据地表态,要用数据和事实呈现业绩和问题。因为只有通过数据和事实,才能展现最客观、最真实的管理现状,才能让我们的管理更加客观公正、精准判断。比如,管理者要召开月度经营分析会,就要让相关部门提前准备好资料,如财务报表、销售数据、市场调研报告;分析资料后,也不是靠拍脑袋去设定下个月的目标,而是凭借这些分析的数据、汇报的案例,有依据地进行规划。

(2) 改掉用情绪沟通的方式

在工作中总会出现这样那样的问题,无论是部门之间、部门内的沟通,还是工作中的协调和交流,很多人是在做情绪的表达,并没有讲清楚事实。

比如,在工厂管理中常有这样的情景——

业务部:生产部总是不能按时交货。

生产部:生产物料老是不准时回厂。

计划物控部:生产部经常不按计划生产。

对于业务部、生产部、计划物控部之间的互掐,我们并不陌生。其实，这样的沟通和反馈并没有太大的意义。"总是""老是""经常"，都是概念词，都是感觉，这个感觉的背后是情绪。面对这样的反馈和沟通，领导、老板最后只能讲一句："大家都要努力啊，要各司其职啊，要把自己的工作干好啊。"但这也是感性的要求，对于问题的解决并没有帮助。

我们很多人都忽略了这一点，没有深刻地去反思，没有深刻地理解背后的原因。那么，正常的反馈应该是什么样的呢？我们要用数据说话：订单准交率到底是多少？物料齐套率到底是多少？计划达成率到底是多少？如果基于数据，领导在听完各部门的反馈后，就可以提出很具体的要求，对问题的解决也是有的放矢。

当然，我并不完全否定在管理过程中适度表达情绪的价值，若管理者一点儿人情味儿都没有，那也不行；反而我非常赞赏有魄力的管理者，但一定要基于事实、基于数据。管理者要在事实和数据的基础上驾驭情绪，这个时候，情绪不再是盲目的冲动，而是转变为一种有力的工具。用情绪去鲜明地表达态度、清晰地阐明立场，从而有效吸引团队的注意力形成共鸣，引起各团队人员对此项工作的重视。这样的情绪运用才有意义，才能推动问题的解决。

(3) 培养理性的管理思维

事情是具体的，语言是感性的，但管理是理性的。作为管理者，要培养理性的思维，理解管理的逻辑。培养理性管理的思维是一个持续的过程，涉及对自我认知的提升、决策过程的优化、情绪管理的加强以及持续学习等多个方面。要认识到自己的情绪、偏见和思维模式对决策的影响。通过反思和自我评估，了解自己在哪些情况下容易偏离理性，从而有意识地进行调整。尽可能收集和分析相关数据，用数据和事实支持自己的决策过程。避免仅凭直觉或主观感受做决定，数据驱动的决策往往更加客观和有效。

打造组织信用，提升信用额度

组织的本质是信用，信是能力，用是功能。组织信用，是指社会组织在交易或履行其职责与约定过程中所展现出的能力与意愿的评价。在管理过程中，管理者要学会立"信"，说话算数，说到做到，要培养契约精神。大到履行合约，小到开会不迟到，都是在立信，能够做到诚信是一种非常强大的能力。能说到做到，说明工作有方法有能力；开会不迟到，说明有时间管理的能力；哪怕亏损也能履行合约，说明有契约精神，有承受不良结果的实力。一个人立信以后，会得到团队的信任，说话做事就会有条理，这就是功能；一个企业立信以后，就会得到合作伙伴的信任，去银行贷款、供应商的配合也是功能。

一个公司组织信用的基础，就是给供应商按时付货款，给员工按时发工资。要关注企业和个人的信用额度，要在工作和生活中不断地提升信用额度。就像银行给企业授信贷款额度、给个人办理信用卡额度一样，要重视起来。公司这个组织只是一个平台，它本身是没有产生价值的能力的，我们必须通过信用去调动它。银行的信用非常重要，银行必须有履行合约、支付利息的能力，人们就是因为银行有较高的信用才愿意把钱存进去。

管理的本质是因果，因是过程，果是结果。管理问题的解决不是一蹴而就的，不能只在结果上纠结，而应当在过程中用功，因上用力、果上随缘。已经产生的问题，需要去总结、去分析，总结分析的目的是预防、是改正，真正的时间和心力应当花在管理的过程中，在每一个管理动作、每一件小事上下功夫。没有产生的问题，我们要去检查预防，要去觉知。企业管理，特别是工厂管理是一件烦琐而艰辛的事情，管理没有惊天动地的大事，就是每天从上班开早会到下班写工作总结，做好这中间的每一件事。过程做好了，结果才能好；小事做到了，大事才能成。否则结果就不会好，最多只能是一时好一次好，昙花一现。

绩效的本质是行动，行是动作，动是状态。管理者想要有好的绩效，需要的是持续改善和多做动作，要保持持续性，保持一个好的状态才能做出业绩。任何业绩都不会凭空产生，作为管理者，需要有精进的状态。例如要高品质，就得从产品设计、供应商管理、来料检验、过程巡检、生产线全检、产成品抽检等各个环节的管控动作入手，一个环节一个环节地管控，一个动作一个动作地落实，如此才能让产品品质得到提升。

识人选人比用人育人更重要

（1）识人选人的三重验证

用人育人，毋庸置疑是重要的，但识人选人作为人才培养这一过程的起点，在某种程度上更为重要，它是确保企业能够吸引并留住优秀人才、构建高效团队、实现战略目标的第一步。

企业现在的用工成本越来越高，我们要从"粗放式"招聘逐渐转向"精细化"选才，做好识人选人的三重验证。

第一重：公共信用的验证。随着社会管理的进步和信息化的发展，现在绝大部分人是"透明人"，其透明体现在"公共信用"可查之上。例如，在裁判文书网上可以查这个人是否有法律纠纷，在被执行人员名单查询网上可以查这个人是否失信，在学信网上可以查这个人的学历，在个税 App 上可以查这个人的实际收入。如果一个人的这些公共信用没有问题，至少可以从大方向上有效规避相当一部分用工风险，至少不会招到有"前科"的人，不会招到学历造假的人，不会招到之前月收入10000元、到你企业就要价20000元的人。要将每位员工入职前由公司人力资源部门进行公共信用的验证设为公司人员招聘的标准流程，并制度化地执行，这至关重要，而且应当被正式纳入人事档案的编制之中，以确保招聘流程的严谨性与合规性。

第二重：**工作能力和经验的验证**。工作能力和经验是人力资源重点考验的要素，需要在选聘人才的时候做好工作背景调查，同时内部要准备一套测试的流程，比如设计一套评估专业化能力的试卷、设定一些专业化的测试项目等。而且，包括面试、测试等在内的流程都需要进行严谨和系统的设计，以避免在人才的甄选中走弯路。

第三重：**工作业绩的验证**。工作业绩的验证其实才是最重点的工作，招人只是人力资源工作的开始，真正的用人是在新人入职以后，此时人力资源部门和用人部门都要保持高频的关注，特别是在新人入职的前半年。需要设定一套人才引入的关注机制，从生活需求、性格特点、工作能力等方面周期性地对新员工进行测评，特别是在新员工试用期结束之前一定要做一次综合的评估。

（2）识人选人在企业内部比外部更重要

很多时候，管理者把识人选人放在外部的招聘上，但真正识人选人的工作应当是在企业的内部。因为人到公司以后，他的能力和心态是在不断变化的，优秀的人如果不学习可能就会跟不上公司的发展，落后的人如果不断学习，也能够脱颖而出。然而，在使用内部人员时，我们往往自认为对其工作能力和方法了如指掌，因而忽视了科学的人才识别与任用方法，久而久之，就会靠感觉来识人，进而产生拉帮结派、搞裙带关系等问题。

内部的识人选人就是为了能够很好地用人留人，要设计一套科学的内部识人用人的规则。包括以下三点。

第一，设定人才测评周期。要周期性地进行人才测评，这既是识人用人的需要，也是让所有人看到希望，就像政府定期进行国家公务员遴选考试一样。岗位级别越低，测评周期越短；岗位级别越高，测评周期越长。

第二，人才的分类管理。根据企业的行业属性，可以将企业员工分为管理类、技术类、技能类等，然后分类设计、分类管理员工的职业晋升通道。

第三，设定人才测评体系。人才测评需要制定好规则，要做到机制统一、原则公平。公平是提升测评信用的最好方式，一定要依据规则识人用人，不能仅靠感觉。

动力比能力更重要，活力比业绩更重要

"动力比能力更重要，活力比业绩更重要"，这句话在某种程度上反映了态度、动力和内在状态对于个人或组织成功的重要性，但并不意味着能力和业绩不重要。实际上，这句话强调的是一种综合性的成功观，即在追求目标的过程中，内在的动力和活力往往能够激发和推动个人或组织发挥更大的潜力。

（1）动力比能力更重要

动力是驱动个人或组织前进的力量源泉。有了强大的动力，即使面对困难和挑战，个人或组织也能保持积极向上的状态，不断寻找解决问题的方法，从而不断提升自身的能力。

能力很重要，但它是可以通过学习、实践和培训来提升的；动力则更

多地来自内心的信念、追求和热爱,其是持续驱动个人或组织前进的关键因素。

(2)活力比业绩更重要

活力指的是个人或组织在工作中所展现出的精神状态和积极性。一个充满活力的个人或组织往往能够更快地适应变化、更好地应对挑战,从而在工作中取得更好的业绩。业绩当然也很重要,其是衡量个人或组织工作成果的重要指标,但业绩往往是活力、动力和能力共同作用的结果。如果只注重业绩而忽视活力和动力,可能会导致个人或组织在长期发展中失去动力和创新能力。

"动力比能力更重要,活力比业绩更重要",这句话强调了内在动力和活力对于个人或组织成功的重要性。然而,在实际工作中,我们也应该注重能力和业绩的提升,将动力、活力、能力与业绩相结合,以实现个人和组织的全面发展。此外,需要注意的是,这句话并不是在否定能力或业绩的重要性,而是强调在追求成功的过程中,我们应该更加注重内在的动力和活力,因为它们是推动我们不断前进、不断超越自我的重要力量。

例如,企业老板的学历不一定是最高的,能力也不一定是最强的,但一定是企业里动力最强的。老板没有最强的动力,也不会创办企业,更别说企业问题百出,却能决心坚持变革。活力比业绩更重要,如果团队没有活力、死气沉沉的,那么肯定没有业绩;如果团队充满激情地为事业而努力奋斗,那么即使团队成员的资质平平,企业往往也能获得成功。

有效管理动作的六个要素

在常规管理中,一个有效管理动作的确定包含六个要素,分别是能具体、可量化、可实现、强关联、长期性、可闭环。

能具体： 指的是责任主体、工作时效、工作内容明确和具体。通俗来讲，就是谁、什么时间、做什么事，管理动作一定要具体化，具体才能明确，明确才有助于执行。

可量化： 指的是管理动作产生的结果要能够量化，不能够量化的要用事实呈现，避免靠感觉和情感做管理。

可实现： 指的是管理动作可操作、可落地，不能操作、不能落实的，就不是一个有效的管理动作。

强关联： 指的是各个管理动作之间要形成一个链条，它们是相关联的，管理动作之间能够环环相扣，最终能够统一到公司经营目标的达成上。

长期性： 指的是管理动作要能够长期执行，要能够持续，需要在管理动作确立之初就考虑长期执行，考虑风险和结果。

可闭环： 指的是各个管理环节最后都要形成闭环，闭环才能有持续的创新，闭环才能形成管理机制，才能让每一个管理动作都能长期自动运行。

要做好管理，不能只是停留在思想的领悟上，要在实际工作中去做透。管理说容易也容易，只要围绕着核心，做好每一天的每一件小事就行；说难也难，要十年如一日地去做，而且要在时代的变化中积极作为。

管理的重点是现场"带教"而不是"交代"

许多管理者在管理过程中常犯的错误就是把管理理解成"上传下达"，变成了一层一层对公司指令的"交代"。这种管理方式很难有效解决管理问题，缺乏实质性创新。

（1）做管理是"带教"而不是"交代"

优秀的管理者应当是一个好的教练，而非简单的任务分配者。管理者不要试图用语言让别人接受自己的思想，讲明白、说清楚了，不代表能做好。管理源于认同，认同源于帮助，帮助源于能力。作为管理者，应有帮助下属完成目标、达成业绩的能力，同时要有帮助下属成长的能力。管理者的关注点不仅在于目标的达成，还在于团队成员能力的提升与成长。即通过指导、支持和激励，帮助员工成长并高效地完成任务，而且是在每天的具体工作中、在具体问题的解决上去带教。这种带教方式要求管理者不仅要关注结果，还要关注过程。通俗地讲，就是说给他听、做给他看，让他做给你看，检查他所做的，帮助他解决问题。

（2）管理问题的解决重点在现场

管理者必须养成深入现场去找答案的习惯。只有通过深入现场、观察实际生产情况、与当事人交流、查看具体情况，才能发现问题产生的真正原因，并找到有效的解决方案。现场指的是问题发生的现场，不局限于生产现场，可能是供应商，可能是销售门店，也可能是人力资源部。直接到问题发生的现场有以下三个好处：

第一，可以有效减少层层汇报和描述带来的误判。

第二，可以提高第一时间解决问题的时效性。

第三，能够引起相关人员的重视，有助于问题的长期解决。

第二十章
管理机制保证组织活力

管理机制，是指管理系统的结构及其运行机制，从企业角度主要包括运行机制、动力机制和约束机制。管理机制本质上是管理系统的内在联系、功能及运行原理，是决定管理功效的核心问题。

我在2019年提出了组织管人、流程管事、绩效分配价值的管理理念，由此出版了《组织才能管好人》一书。我们发现，仅从收入和分配机制上讲组织活力是不够的，因为你没有办法解释为什么在那么多收入高、福利待遇好的企业和收入低、福利待遇不好的企业，都有人在那么卖力地工作，而且后者干的业绩不一定比前者差、不一定没前者用心。我们要从企业管理机制上去思考如何让组织产生活力，并且能做到大而有活力、久而有活力，这才是企业管理的难点。从带领团队的角度，我们要思考企业未来管理的方向；从管理体系建设的角度，我们要重视管理机制的设计。

企业管理的两个方向

方向一：从"为什么不这样做"到"为什么要这样做"去思考

现在很多企业一谈到团队执行的问题，就会讲"你为什么不这样做呢？我开会都讲了多少遍了，公司也有规定……"如果从机制建设的角度去谈这个问题，那就要思考一下"他为什么要这样做"。你站在他的角度去想想，他为什么要这样做，他这样做跟他又有什么关系，他这样做和那样做又会分别受到什么条件的制约，以及企业是否能够给他创造这些条件。思考以后，你就会豁然开朗。"为什么不这样做"是管控型管理思维，"为什么要这样做"是服务型管理思维。随着社会的不断发展，员工的学历、素质、需求都在不断地发生变化，管控型思维下的管理方式正在逐步被淘汰。

方向二：从"要求下属做"到"下属要求做"去思考

很多情况下，我们都是给团队提很多的要求，事无巨细。团队小可能这样做还能奏效，但团队大了以后，就管不了那么细了。就算你能够提出具体的要求，恐怕在检查和落实上效果也会大打折扣。我们应当多去思考如何让下属主动要求去做。机制让员工绽放，流程制度为员工的绽放创造条件和环境。只有机制设计好了，才能够让你的员工迸发出活力，而所有的流程制度都是在为活力的迸发创造条件，为它保驾护航。企业应该是先设计、再运营、后管理，当然，这里针对的是已经相对成熟、颇具规模的老企业，对于新创的企业或许你没有很好的条件这样做，但是也要能够意识到，要做到理上顿悟、事上渐修。

管理机制的三大要素

管理机制设计主要包括三个要素，分别是运行机制、动力机制、约束机制。

要素一：运行机制要强调系统性

运行机制是系统的，是有职能的，是能够自运行的，就是你不需要检查，员工也愿意干。有句话叫"法无禁止皆可为"，制造型企业粗放式发展、野蛮式生长的这几十年，其实就是应了这句话。我们也要考虑借鉴社会管理学机制，比如对于企业老板，没有哪个政府官员天天盯着你上没上班，他不用管你上不上班，反正你该交的税还得交，这就是市场化的经济管理机制。

要素二：动力机制要强调内在性

动力机制要从利益、指令和主动性三个方面下功夫。利益，是指剩余价值的分配；指令，是指你怎么做到令行禁止；主动性，是指你怎么做到让这个人、让你的团队主动去完成一些工作，而且是发自内心地自愿去做。这就需要将团队成员的诉求与企业发展的需要相结合、相统一，目的是使团队能够被机制激发出内生的动力，由内而外地去努力奋斗。

要素三：约束机制要强调客观性

约束机制强调的是规则的统一和规矩的标准化，需要客观地进行权力约束、利益约束和心理教育。自由是相对的，是在组织规则下的自由，不是满足个人欲望的自由。约束机制需要兼顾公开、公平、公正性，同时要注意约束对象之间的相互制约。约束机制的目标是对组织平台上的每一个人都有约束力，并且这种约束力不受某一个个体影响。

管理机制设计的四大要点

要点一：聚焦效益

机制设计需要聚焦效益，不聚焦效益的机制是不可能自行运转的。效益是检验企业管理机制好与不好最好的指标。同时，在聚焦效益的过程中，要关注整体效益，关注流程的简化、优化。

要点二：主体归位

主体归位强调的是责任主体和动作主体，就是谁去做，如果出了问题，谁去担责任。现在很多企业的管理有一个核心的问题，就是职能叠加，导致主体没有归位。面对同样一件事情，管理者因为担心出问题，所以安排多个人去管理，这就变成了职能叠加。当真正出现问题以后，却不知道谁是责任主体。就像很多企业处理一个小额的报销单，可能就需要五六个人签字，其实后面签字的两三个人，对具体情况是不了解的，完全是因为前面的人签字了，他按照流程签个字而已。

要点三：利益牵制

在机制的设计上要注意：第一，利益是需要相互制约的。一旦一方独大，就容易造成分配不公。各个部门、各个利益主体之间需要相互协作、相互牵制才能实现平衡，同时可以减少人为的干预。第二，责任主体和动作主体的利益要和责任相匹配。从人性的角度出发，团队成员总是试图牺牲公司或其他部门的利益来满足个人或团队的需要，在机制设计上就需要让行为所带来的损失与责任主体和动作主体相关。

要点四：长期修正

管理机制是要持续设计、持续优化的，管理不是某一种定论，不是固化的教条，只有不断优化的管理机制才能适应企业的发展。公司的管理体系是在企业的发展过程中不断解决问题，不断定规则、建标准、补漏洞中逐步完善的。长期修正，需要设定复盘的频率，明确相关主导人的职责，同时可以根据企业规模的大小，设立专职或兼职的"机制建设委员会"等。

第二十一章
生产管理和供应链管理

生产管理的六项基本原则

常常听到制造业老板说:"我年入几千万元,生活却过得不如跳广场舞的阿姨。"这是很多中小型制造业企业主的苦闷心声。实际上,除了受大环境的影响,这些企业之所以会陷入困境,生产管理的落后是重要原因,比如订单准交率不高、计划达成率不高、生产效率低、半成品太多、生产周期长等多是管理上的不足造成的。

要怎样开展生产管理工作?如何才能做好生产管理工作?我带领朗欧咨询团队通过10多年的驻厂咨询,在几百家工厂里不断实践,总结了生产管理的六项基本原则。按原则办事就是解决这些问题的最有效途径,以下从生产管理思想和生产管理动作两个维度,跟大家聊一聊生产管理的六项基本原则。其中,生产管理思想上有组织高效原则、系统知情原则和三权分置原则(见图21-1);生产管理动作上有单位划小原则、工作前置原则和量化管理原则（见图 21-2）。

生产管理思想三原则

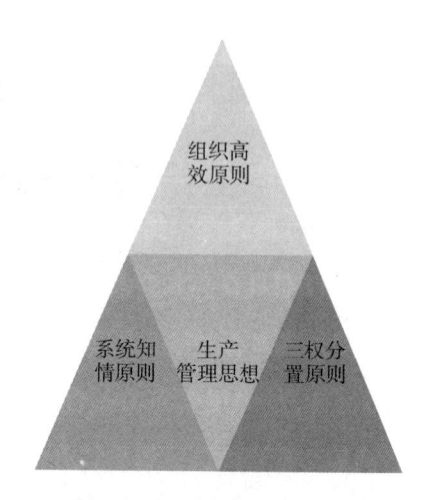

图 21-1 生产管理思想三原则

（1）组织高效原则

组织效率是企业发展的掣肘，尤其当企业达到一定规模后，关注点不应仅局限于某一小组、车间或生产部门的效率高低。这个时候只强调个体效率高或部门效率高是不够的，还要考虑销路、库存、供应链等问题。如果产品销不出去，就会导致库存积压、资金占用增加，进而影响资金周转率，使其难以提升。要实现一个规模化企业的高效率需要各个部门、各个团队之间相互协作、高效运转。

（2）系统知情原则

生产管理要学会构建企业组织记忆，要让问题能够自动地呈现。生产管理是最烦琐的，问题很多，可能一个产品就有几千种物料、几十道工艺，我们不能仅依赖个人的经验和记忆来应对。这也是为什么我建议有条件的企业要做数字化工厂，数字化工厂可以借助自动化、可视化、流程化等特点帮助企业建立知情系统。系统知情原则是生产管理非常重要的一条原则，这个系统知情是相对于个体知情而提出来的。现代企业管理需要我们改变的就是"人盯人式"的管理方式，转而通过规则、标准、机制的建设来做管理，这部分内容在我的《组织才能管好人》一书中有详细的解读。

(3) 三权分置原则

这里的三权指的是决策权、执行权、监督权。任何一个管理岗位、任何一个部门，当这三权集于一身的时候，就很容易出现问题，哪怕只是集两权于一身，都有可能导致某一个管理者既做运动员又做裁判员，从而导致管理结果的好坏依赖于个人的责任心和能力。当权力集中的时候，权力主体就拥有了选择权。从人性的角度来说，一个人一旦拥有了选择权，就大概率会选择对自己有利的一面。为了避免这个问题，我们要把决策权、执行权和监督权分离开，让权力受到约束，让选择得到平衡，从而用规则保证公司的利益。

生产管理动作三原则

(1) 单位划小原则

单位划小包括时间单位划小和空间单位划小。从时间单位上说，如果原来做的是周计划，则可细化为日计划；如果原来做的是日计划，那就再划小为每小时的计划、每分钟的计划。从空间单位上说，能够细化到车间要到车间，能够细化到班组要到班组，能够细化到机台要到机台。

单位越小，证明管理越好。有的人可能会质疑这样做会导致管理过剩，一般来说，企业大多是粗放式的经营管理，与管理过剩还有很长的距

| 企业的定力：定战略 谋经营 强管理

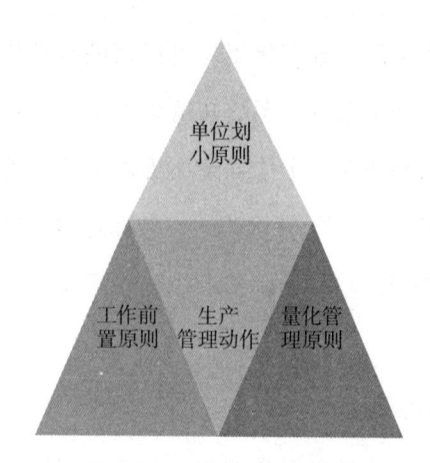

图 21-2 生产管理动作三原则

离。我们经常讲管理过剩，可能只是为了掩盖管理上的懒惰，实际上并非真的存在过剩，而是你不想去管。

(2) 工作前置原则

生产管理要从产中提到产前、从内往外延伸。很多管理者认为生产管理，无生产不管理，简单认为生产管理是生产过程中的管理。其实不然，将生产管理从产中提到产前，就是对于生产过程中的很多管理问题，都要提前做，如物料的排查、设备的准备、人员的准备、技术资料的准备、品质要求的准备、样板的确定、工艺的布局等。你会发现，百分之八九十的生产管理动作是生产之前去做的，生产之前做管理叫"消防"，生产中解决问题叫"救火"。我们的消防队，最开始叫救火队，重点在救火这个过程，但后面改成消防队了，是预防为主、防消结合，两种叫法对应的主要工作内容有着本质的区别。

工作前置，就是将生产管理工作从产中提到产前。

(3) 量化管理原则

量化管理需要在生产管理过程中，摒弃感觉，用数据说话。生产管理要让整个工厂的数据流动起来，让流程顺畅起来。那么，如何才能够让数据流动？就是每一个数据都要与相应的操作相关，要能够横向制约，如果一个数据不被运用，这个数据肯定是不会流动的。比如你写了一个品质日报表，但是没有人使用这个品质日报表里面的数据，那么，不出一个星期，至多一个月，这个日报表就会变成假数据，因为你的数据没有被运用、没有被别人需要，这个数据就只能躺在一个角落里，慢慢地，它就失去时效了。

只有每一个数据都跟管理者或部门的利益相关，才会有人对这个数据较真，数据才能往真实的方向流动。比如，有些计件制的企业在核算员工工资时，依据的一个最重要的指标就是产品交接和入库的数据，但你会发现，到了最后员工经常不服你的数据，他会觉得自己把产品都做出来了，品质问题不能怪他，你必须把他做的所有件数都计算到工资里。为什么到了这个阶段，他才会关心自己做的产品入库了多少？这是因为在入库之前，管理者没有让员工生产的实际产品数据流动起来。

掌握好生产管理的六项基本原则，让工厂的生产管理变简单。以上只是对于大部分工厂实战经验的部分总结，每家企业在实际运用中都需要结合自身的具体情况，比如所属行业、规模、人员等情况具体问题具体分析。

供应链管理的四大目标

我们经常讲供应链、供应链管理，其实供应链和供应链管理是两个不同的概念。供应链，是指围绕核心企业，通过对信息流、物流、资金流的控制，从采购原材料开始，到制成中间产品以及最终产品，最后由销售网

| 企业的定力：定战略　谋经营　强管理

络把产品送到消费者手中。它是将供应商、制造商、分销商、零售商，直到最终用户连成一个整体的功能网链模式。这个定义应该是针对制造型企业来讲的，即供应链是一个主的流程、是一条主线。

供应链管理，是指使供应链运作的效率达到最优化，以最小的成本，使供应链从采购开始，到满足最终客户的需求的所有过程都能够高效运转。就是协调企业的内外部资源来共同满足消费者的需求，当我们把供应链上各环节的企业看作一个虚拟的企业同盟，而把任一企业看作这个虚拟同盟的一个部门时，同盟的内部管理就是供应链管理。

不管是年产值几十亿元、上百亿元的大企业，还是年产值几千万元、几亿元的中小企业，都需要强调供应链的协同。企业需要对供应商、零部件的采购和最终对客户的交付，从全产业链视角，进行全价值链的思考。

(1) 缩短现金周转时间

供应链环节是资金周转率的决定性环节。资金周转率是反映资金周转速度的指标，对于一个企业来说相当重要。同样是10亿元年产值，但所投入的资金是一个月周转一次、一个季度周转一次、半年周转一次还是一年周转一次，直接决定了你的资金储备、库存计划和订单准交率。供应链管理需要的是通过信息共享和风险共担，让企业对采购数量、库存量、配送时间等进行全方位的考量，将这些控制在合理范围内，快速回笼资金，提高资金周转率，缩短现金的周转时间。

(2) 降低企业未知的风险

对于传统的供应链管理，企业与企业之间各有各的目标，而且目标往往有冲突，各方都只顾自己的利益。所以传统供应链的各个环节，如计划、采购、生产、配送和营销都是独立运作的，信息多封闭在企业内部。这就使得企业之间的信息不对称，从而引发信用风险、品质风险、库存积压风险等，最终谁也得不到最大化的利益。比如，如果供应商交货延迟，下游企业就会因缺料出现"停工待料"的问题，导致生产效率下降，影响交期。

供应链管理是要把链上的企业都有效组织起来，覆盖从采购到销售的各个环节，企业之间是合作的伙伴关系。实现信息共享、决策透明、风险共担、利益共存，促使预测更加精准，而且加快整个过程的流转速度，如产品库存的周转、资金的周转等，从而降低企业未知的风险。

比如，在传统的采购模式中，采购部门是为库存而采购，只要不"停工待料"就行。采购部门不关心企业的生产过程，更不会主动了解生产进度、用料规律、产品需求的变化，所以进货周期不稳定。但在供应链管理下，得先有用户需求、有生产订单，从而拉动采购订单，由此再拉动供应商。这样的采购是比较精准的，既能快速响应用户的需求，又能提高物流的速度和库存的周转率，降低企业的成本风险。

（3）实现可持续性盈利增长

企业达到3亿元、5亿元以上年产值的时候，就需要特别强调供应链的协同作战。有些企业跟同行的竞争到了白热化阶段，最后很可能就不是一个组装厂、一个消费品生产厂单方面的作战，而是供应链整体的协同作战。因为这个时候，竞争的关键优势已经变成了全链条的成本优势，而不是哪一家企业的成本优势，所以我们要有整体思维和同体思维。供应链协同的核心目标是实现整个供应链的降本增效，从而为客户创造价值。这既包括总体目标，也包括各环节的分目标，要全方面考虑供应链上各个企业的利益诉求，才能实现持续性盈利增长。

（4）提供可预测性收入

供应商高效运转的核心之一就是销售预测。也就是说，整个供应链的预测要准。像在许多大型制造型整机厂商的仓库里，给每个供应商划分一个储位，要求供应商恰时供货；供应商最多只能提前 4 小时把物料送到对应的储位里，超过时间则要支付仓储费。而且整个计划是提前在系统里做好预测、自动分配好的，供应商必须按照这个计划交货，如果不及时交货，会按一条生产线多少人、停工多少小时缴纳相应数额的罚款。中小企业如果给大企业做配套，则要完全能够满足交期需求，需要具备生产管理敏捷反应的能力。企业规模比较大时，就需要全链条思考，是不是供应链上的所有企业都能够敏捷地响应你的生产计划，如果不能，那就需要改善供应链管理方式了。

供应链管理的关键指标

我们要用数据说话，要学会用数据和事实去呈现业绩和问题，不是一个简单的字——好或差，就能够说清楚的。好比你评价一个人"一般般""过得去""很好"，这都是感觉，如果仅靠感觉去评价一个人，一定很难判断这个人的真实能力。供应链管理也是一样，需要依据数据型的关键性指标，通过这些指标的达成与否，判断供应链的管理水平和管理能力。这些指标主要包括订单准交率、生产周期、库存周转率、产销及时率、库存金额、链平衡率、质量合格率、资金周转率、单品利润率。链平衡率就是不同企业在面对相同订单时，其完成周期所展现出的统一性和协调性，这种统一性与各自生产线内部的高效运作相呼应，确保了整个供应链的平稳与高效。

供应链管理的三道防线

过去的10多年，我带领着朗欧咨询团队深入了解了几百家制造型企业的供应链管理现状，并对这些企业进行了供应链的管理变革。这些企业的规模大小不一，但问题大多一样：生产周期长，难交付，生产时常忙于"救火"；供应链不稳定，采购永远在处理紧急订单；仓库层层积压，严重影响现金流；生产计划与实际生产脱节；仓库账物卡不准，齐套率低；采购成本不受控；供应商品质、交期管理、技术支持不明确；物流效率不高；客户满意度差；等等。这些问题看起来繁杂多样，归根结底是企业的供应链管理一直处于被动响应的状态。

在这样被动的供应链管理模式下，企业只能陷入"成天救火，却又永远救不完火"的局面。那么，出路在哪里呢？说起来也非难事，就是化被动响应为主动防守，建设好供应链的三道防线。供应链管理的三道防线就好比河流上的三道堤坝：第一道堤坝，要把大多数的洪水拦住；第二道堤坝，则应对第一道堤坝溢出来的那部分洪水；如果第二道堤坝仍然拦截不住洪水，那就要靠第三道防线来补救了。这三道堤坝，分别对应的是需求准确性、库存有效性和执行落地性，只要这三道坝在各自的阵地上发挥作用，就可以解决供应链管理的大部分问题。

第一道防线：需求准确性

需求是整个供应链的源头，如年度经营计划、营销计划、月度销售计划、生产计划、物流计划等，都受到需求预测准确性的影响和制约。生产需要预测来准备产能，采购需要预测来备料，财务需要预测来做资金预算,等等。预测不准确,会导致供应链处于被动应对的低效运营状态,但如果预测得准确,就能快速满足客户的需求,同时使企业的成本最小化。

需求预测不是内部拍脑袋决定的,无论是向大厂做配套供货,还是自身就是大厂或整机厂商,都要跟客户或供应链上的各个企业沟通清楚他们的需求或生产能力。你不仅要非常了解自己企业的需求能力,也要掌握链上其他企业的供需能力,及时调整预测。

保证需求准确性是供应链管理的重中之重。我接触过一家企业,当时它的需求准确性只有百分之三四十。这就麻烦了,意味着百分之六七十的需求要靠后期调整,这个后期调整带来的异常处理成本很高。因为整个供应链系统是"牵一发而动全身"的,很多时候,一个环节的调整就会导致连锁反应,其他环节也要跟着调。这也意味着供应链上的各企业要及时、准确地收集和反馈市场信息,通过快速反应,降低企业经营风险。

作为第一道堤坝,需求准确性对后面的防线的有效性起着决定性作用。虽然不要求第一道堤坝拦住所有的"洪水",也做不到绝对准确,但起码要最大限度地保证不能被洪水冲垮了,否则后面的防线大概率也会决堤。因此,首要的就是建设好第一道堤坝,即尽力做出高准确度的需求预测,提高首防命中率。

第二道防线:库存有效性

虽然经过链上各企业的信息沟通,有些预测的准确性是有保证的,但预测就是跟不确定性打交道,特别是新产品、新项目、新客户,不确定性较高,很难对其准确预测。对于这种类型的产品,往往第一道防线就防不住了。这时,我们可以做好一定的库存计划,首先要保证库存的有效性,这就是第二道防线。库存有效性,是指库存的产成品,包括在有效期之内的物料和产品数量能够满足客户的订单需求。这就要求我们有精准的库存计划，以应对供需的不确定性和供应链的不稳定性。制订库存计划尤其要注意设置安全库存，包括最高安全库存和最低安全库存。同时，不仅产品所需的 BOM 物料，包括工厂内部生产设备的易损配件或生产辅助物料也是需要做好安全库存的。对于设备型企业来说，那些常规的易损件肯定要做最高安全库存和最低安全库存，不能等到设备坏了才去临时采购，或者有问题了才去解决这个问题。

对于制造型企业来说，追求稳定性、持续性是核心要素。做库存既要防止缺货，避免供货延迟、客户不满等，又要防止库存过量，避免不必要的资源占用以及库存资金额度。因此，供应链上各环节企业要建立战略合作关系，定期跟踪和共享库存信息，通过快速反应降低库存风险。低于安全库存，要及时组织加大生产；库存积压，要及时进行清理，推动销售端的企业尽快销售。企业库存有效性做好了，哪怕需求准确性没有做好，还是可以有效降低经营风险的。

第三道防线：执行落地性

一般来说，第一道、第二道防线做好了，第三道防线是比较轻松的。当然，实际上还是会出现这样那样的异常状况。例如，前两道防线没做好，或者前两道防线做好了，但是供应链本身有问题——供应链的信息化程度低、催货流程不清晰、没有选好合适的供应商等。

所以，第三道防线就是供应链相关管理动作的执行落地性，这依然至关重要。供应链管理动作的执行落地性主要体现在两个层面。

第一个层面：有效执行需求计划和库存计划。预测得再准确，计划得再完美，最终还是要靠落地的执行来检验。这个执行不能只靠传统的人工操作，可以借助 ERP、SCM、CRM 等数字化系统。例如，企业可以通过 SCM 实现订单的自动处理、库存的实时监控、物流的快速跟踪等功能，从而提高供应链的效率和响应速度。

第二个层面：给第一道、第二道防线的失守兜底。如果预测失败、库存计划也失败，为了把损失降到最低，还是要做最后一搏的，那就是通过加急赶货的方式来弥补损失。加急赶货是很多企业经常会做的一件事，但想要切实弥补预测和计划的不足，就要从多个维度来思考。

一是梳理并建立合理、清晰的插单赶货流程，避免一窝蜂地去插单跟催，否则催的人效率低，被催的人也不堪重负，导致最后什么货也做不出来。比较好的做法是按照订单的紧急、重要程度，定好赶货订单和客户的优先级，然后确定责任人和反馈机制，要求责权利统一。

二是整合供应链资源，集中做大做强，把企业做成供应商的最大客户，至少做成 A 类客户，增加在供应链管理中的话语权。

三是通过企业数字化系统的建立，设置科学的管理流程，全面监控各环节，对行业和产业的变化做到快速反应。

供应链管理的六项基本原则

供应链管理越来越成为企业提高竞争力的重要手段，一个完善的供应链管理体系，可以让企业以最低的成本获取最大的利益。目前，很多企业的供应链管理水平较低，仍是"重下游，轻上游"的传统观念，供应链的运作效率也不高。很多企业的供应链呈现的状态是：生产往往忙于"救火"，采购往往在处理紧急订单，物流成本居高不下，仓库满满都是货，却都是不着急出库的半成品或成品，总之就是需要出货的产品没有或不配套，不着急出货的却在忙忙碌碌地生产。那么，如何做好供应链的管理呢？如图21-3、图21-4所示，在供应链管理思想上，我们一定要有三个认知性原则，即安全稳定原则、全链运营原则和成本透明原则；在供应链管理动作上，要有三个操作性原则，即需求导向原则、同体共振原则和信息共享原则。

供应链管理思想三原则

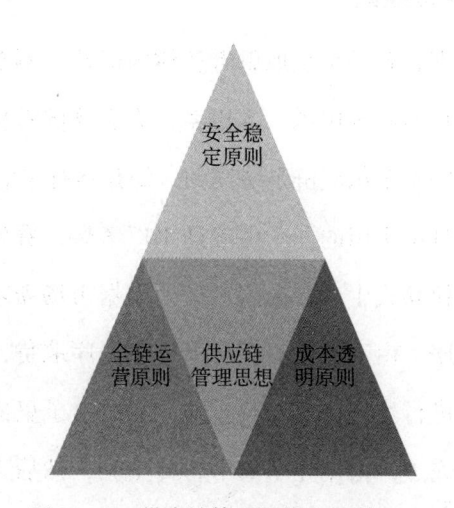

图21-3 供应链管理思想三原则

（1）安全稳定原则

安全稳定原则，就是安全第一、稳定为先。对外来看，供应链安全是企业必须重视的工作。特别是做外销订单的企业，或者是计划出海的企业，需要定期进行供应链的审查，避免企业受到各个方面合规上的影响。对内来看，在供应链企业的培育上要有备选供应商，或者同一类材料要有3家以上的供应商，以此保证核心原料的供货安全。

现在制造型企业对供应商的要求跟10年前不一样了。10年前，因为需求很旺盛，只要有货，你就卖得出去；现在，供应商产品的质量保证已经变成了最基本的要求，如果产品质量不好，消费者的体验就不好，就可以退货，而且消费者消费一次就是过客了，这样你就等于把客户拱手让给了你的竞争对手。稳定为先，就是供应商产品的质量比价格更重要，好的原材料品质才能让自己的产品品质有保障，从而为客户创造价值。

（2）全链运营原则

全链运营原则，就是系统地思考整体的运营，不要再单纯地把供应商当成上游。你去日本看丰田系、本田系，你去德国看保时捷工厂、大众工厂，可以发现它们整个供应链是协同的，是井然有序的。

有一次我去日本丰田的一个供应商工厂考察，看到这家工厂的生产方式很简单，就是拉动式生产。由需定产，根据市场需求安排生产计划，根据看板安排各工序，由下一道工序从上一道工序取货，上一道工序及时补充在制品，如此进行生产作业。我看到他们的盒子里面放着一沓工序流转卡，下一工序做完了，把用完了的卡再传上去，然后上一工序再生产。整个流程看起来似乎没有什么先进性可言，却解决了最大的库存问题。这种管理也就是"零库存"管理、拉动式生产。当然，"零库存"并不是指实际库存为零，而是指没有过多的多余库存。

据了解，这个供应商工厂20多年来一直坚持这种生产和管理方式，它的供应链的整体运营是非常高效的。如果你能够让你的供应商跟你形成一个体系，能够让你的供应链体系上的每个工厂都把生产线平衡率提高，那么你的整体效率也就高了。朗欧咨询服务过的几家企业，除了自己跟我们合作，还要求主要的供应商请我们做咨询，并且为供应商无偿地支付一半咨询费。表面上看，他们这样做是吃亏了，实际上讲，这就是在进行全链条运营,是在提升企业的运营效率。

(3) 成本透明原则

成本透明原则,需要我们在供应链管理的过程中,对外对内都要做到透明,也许成长中的企业或规模比较小的企业不一定在当下就能做到这一点,可能企业的话语权不够,但这应当成为企业未来供应链管理的一个方向。

对外,成本透明。将供应商各个零部件的成本核算出来,生产成本、管理费用包括异常费用、损耗等要清晰明了,然后将合适的行业利润给到供应商。能够做出供应商的产品成本结构分析表,这对采购部门人员的专业能力有一定的要求,也是体现供应链管理能力非常重要的方面。

对内,流程透明。在企业内部,要将供应链管理的流程透明化,供应商的准入、考评机制,包括招投标、采购计划的下达等流程要透明。通过流程设计让供应链管理呈现于阳光之下,接受监督,公开、公平地开展工作。

供应链管理动作三原则

(1) 需求导向原则

做需求预测,需要充分了解供应链上各单位的准确需求。准确的需求是供应链管理的基础,是供应链联动的"指挥棒"。在确定需求的过程中,需要重点关注整体供应链的效率,而不是某一家供应商的效率。如果把所有供应链上下游企业看成一条生产线,把每一家企业看成一道工序,那么我们需要关注的是整条生产线的效率,关注"产线平衡率"。

很多时候我们不明白为什么某个主机厂商的要求那么苛刻,一定要按照它的要求走,其实正因为它关注的是整体供应链的组织效率,而你是它的组织效率中的一环。你这一环,要为它的整体供应链服务。如果你是整

| **企业的定力：** 定战略　谋经营　强管理

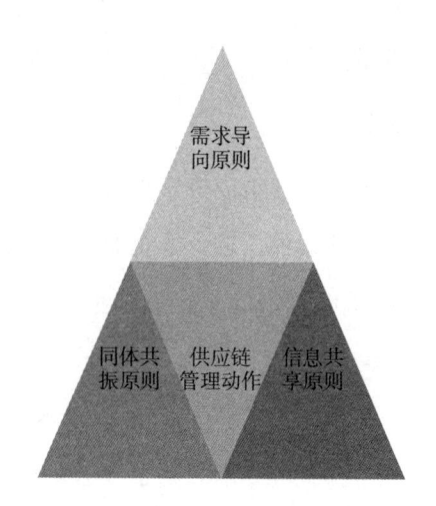

图 21-4　供应链管理动作三原则

机成品生产企业，或者是规模比较大的企业，当你上 ERP 系统或 MES 软件时，你就要考虑供应链体系中各个企业的管理。当你做生产线物料的流转、条码管理系统、PLM 系统、CRM 系统的时候，你要考虑你的供应商，这些就是你能够为供应商提供的工具。

如果你是供应商，你的客户还没有达到这个标准，你会怎样去引导你的客户呢？其实，客户也是需要管理的。也许你会疑惑，客户是甲方，我怎么管理呢？朗欧咨询服务的企业，有小型的，有中型的，也有大型的，但是不管规模如何，哪个企业会没有问题呢？多少都会有一些自身的问题。重要的是不要焦虑，我们要与客户多做沟通，引导客户关注整体供应链的效率，先做好自己，再引导客户。

要以服务为先，关注整体供应链的效率，而不是具体某一家供应商的效率。如果你只是追求供应商的准时供货，只是采用送货超时就罚款这种简单粗暴的管理方法是无法适应现代企业发展的。长此以往，你会发现，不知不觉企业的发展跟同行企业差了一段距离。

(2) 同体共振原则

供应链是一个庞大的系统，最核心的肯定不是采购员的上通下达，而是系统的同体共振。它要求整个供应链各个单位以事实为依据进行供应链的管理，并且让企业内部各个部门、各个环节，以及供应链上的企业形成公开透明、相互制约的关系。

"同体共振"就是要让团队"心往一处想，劲往一处使"。那么，在供应链的管理上，怎么做到同体共振？答案是要做到三个统一，即目标统一、指挥统一、行动统一。

第一，目标统一。就是工厂各个职能部门和作业部门的工作要围绕同一个目标开展，要让整个供应链相关单位了解你的销售预测、需求计划，而不是各自为政、随心所欲。很多企业供应链的现状是物控员去追采购员，采购员再去追供应商；不知道车间生产了哪些产品，也不知道客户的订单什么时候能够交货，一切只能依赖物控员和采购员的责任心，这就很难保证供应链的高效管理。

第二，指挥统一。要明确你的指挥中心在哪里，谁来下发这个指令。你不要完全依靠人去下发指令。如果企业规模比较小，系统还没有走顺，不得不靠人，那就要设置清晰、明确的流程和规范，让指挥者按照流程和规范行事。如果企业已经发展到了一定的规模，那就需要通过软件系统和管理流程进行指令的下发。

第三，行动统一。就是在管理的过程中，反复检查、纠正、跟进每个人是否按标准做事，最终让员工养成按标准作业、按流程办事的习惯。

很多企业供应链管理问题频出，比如，物料需求计划出来以后，却躺在了采购员的抽屉里，供应商送货总会说车坏在了路上。之所以出现这些问题，主要还是因为行动没有统一起来。我们要通过机制建设做到系统知情，通过系统知情打造组织记忆、塑造组织经验，使整个供应链靠组织运作，而不是靠个人的责任心。

供应链管理的实施必然以物流管理为基础，物流需要和供应链同频共振，但很多企业还没有把物流管理做起来。比如，冷链食品的物流管理是非常关键的，原先很多食品厂的冷链物流管理仅限于在运输前确认一下货车的温度，运输的过程是无法跟踪的，所以食品到了客户手中再出现问题很难追溯是产品的问题还是物流的问题。现在有些企业的冷链管理非常发达，可以实现全程可视化监控，包括驾驶员信息、冷链运输车辆、冷藏温度、运单以及流向信息的动态采集等。比如，管理员可以在监控室的大屏上，实时掌控车辆位置和分布情况，查看运输货物温度、湿度情况，一旦发现问题，可以及时让司机或负责人进行调整。

(3) 信息共享原则

供应链上的很多问题可以归结为信息共享问题，一是供应链上各个企业间的信息共享，二是企业内部的信息共享。信息共享可以让链上企业间，或企业内的各部门间有效安排生产、入库、配送的计划，降低供应链的整体成本，并促进供应链上各企业间的相互信任。

信息共享一定要强调及时性和准确性，在整个供应链的管理系统中，要及时共享信息给供应链上的所有企业。有的业务员担心不能按期顺利出货，常常前置交货期限，比如客户说的是11日交货就行，业务部却跟PMC部说是要8日交货，PMC部也是出于同样的顾虑告诉生产部5日前所有货物必须入库。以此类推，就出现了要交的货做不出来、不需要交的货堆满仓库的情况。

现在，信息共享的方式很多，尤其可以充分利用互联网技术。企业可以及时采集供应链上每一个环节的信息，如订货预测、库存状态、缺货情况、生产计划、运输安排、在途物资等，然后定期进行信息整合，让供应链上的企业可以获取各自需要的信息，从而更好地掌握供应链的风险和机会，并精准应对市场变化和客户需求。

美好的结果都是时间的玫瑰，是动作落地的结晶。和其他任何领域的管理一样，供应链管理不仅需要具备体网面线点的思维，还要有点线面网体的执行力，就是要落地。这样的话，你就可以把很多东西都交给时间了。

第二十二章
岗位职能职责的确定

为什么都希望明确岗位职能职责

每当我们朗欧老师进驻到企业，企业方的老板、高管总会提到一个迫切需求——"建立和完善各岗位的职能职责"，这几乎成为企业方期望朗欧老师做的第一件事。我很少发现，企业里面的人，上到老板，下到基层，会有如此统一的需求。为什么大家都希望明确各岗位的职能职责呢？我列举了企业管理者阐述的四种主要观点。

管理者 A：从人性的角度出发，很多人觉得一旦确定好岗位的职能职责，那就只需要把自己的事情做好，至于其他人的事情我是不需要参与的。从管理的角度出发，明确的职能职责与分解出的目标和指标更契合，因此大家就可以清晰地知道自己要做什么、能做什么，以及能做到怎样的程度。这是很多管理者希望明确岗位职责的初衷。

管理者 B：有了明确的职能职责，当有很多固定的事要去做时，哪个岗位该做什么，就很清楚了，而且不会出现越级管理，如经理做了主管的事，主管又做了班长的事，大家就可以各司其职，从而提高工作效率。

管理者 C：组织运营是由人完成的，一个组织目标的达成需要每一个岗位的支持，那么每一个岗位要怎么支持呢？那就需要一个明确的岗位指引，每个岗位首先做好自己的工作。每个公司都有自己的战略目标，战略目标要分解到各个部门，但部门也是由具体的岗位组成的，所以我们必须明确每个人、每个岗位的职能职责，自然而然地个人的目标指标也就明确了。我们经常讲，"各人自扫门前雪"，这句话虽然是贬义，但是能够把自己门前的雪扫好，也说明你已经很好地履行了职责。因此，明确的岗位职责职能，是我们管理规范化的需要和工作的指引。

管理者 D：每个人只有知道自己应该做些什么，才能真正地做好自己所在岗位上的事，如果连自己要做什么都不知道，又谈何做得好？毋庸置疑，要做好更多的事，首先是扫好自己门前的雪，如何定义自己门前的雪呢？在企业里，就是要明确每个人的岗位职能职责。这样我们就能够解决很多纷繁复杂的事情，效率就高了，而这样也方便企业进行规范化的管理。

综合来看，为什么大家都希望明确岗位职能职责呢？按照大部分人的理解：

第一，规范管理基础。

第二，明确工作内容。

第三，提升工作效率。

第四，确立主体责任。

我认为以上是浅层次的理解，并没有看到本质。从每一个人的发心来讲，迫切希望明确岗位职能职责的人大多是不愿意主动承担责任的人。具体来说：

第一，迫切希望明确岗位职能职责的老板，基本上其所在企业里推卸责任、推诿扯皮的现象是非常严重的。

第二，在这家企业里，部门或个人的职能边界是非常混乱的，换句话说，由于管理流程非常混乱，大家没有别的办法，只能迫切依赖明确的职能职责来改变这种现状。

其实这背后有着管理的"懒汉思想"，如果我们本着少干活、少担责任，甚至推卸责任的发心去设定岗位的职能职责，既解决不了问题，也分不清责任。就像很多部门在定制流程的时候，总是想着规定别的部门要如何配合自己，却没有想过自己要怎么去配合其他部门的工作。

"门前雪"固然是要打扫的，但你如果抱着"各人自扫门前雪"的心态，就只是想着做好自己这一份事，那么，大概率本质上连自家门前的雪都不想扫。所以，迫切希望明确岗位职能职责的人，大概率是不愿意主动承担责任的人。这一点是我在 10 多年的管理实践研究过程中，在与上万名管理者深入交流后从中得出来的感悟，而且在朗欧老师那里得到了实证：不想担责任才希望明确责任，不想担责任的人才希望明确责任人。想担责的人、愿意担责的人、愿意成长的人，不会觉得事不关己，就算不是他的事，有时候也愿意多干一点，多干一点就多学一点，多学一点就有更快的成长。我们要有这个本质的认知。

确定岗位职能职责的三个前提条件

岗位职能职责本身是非常好的管理工具和管理方式，值得注意的是，确定岗位职能职责有三个前提条件。

第二十二章　岗位职能职责的确定

前提条件一：组织结构要明确

岗位一定是在某个组织结构里存在的，有了顶层设计，有了部门，才有部门里面的这个岗位。企业组织架构要明确，不明确的话，就找不到岗位的边界了。企业组织结构一般是指企业根据发展需要，分别设置不同层次的管理人员及其由各专业人员组成的管理团队，针对各项业务功能行使决策、计划、执行、监督、评价的权力并承担相应的业务，从而为业务顺利开展进而实现企业发展战略提供组织支持的平台。

很多企业在做组织结构顶层设计的时候权责分配不合理，可能导致部门重叠、职能交叉或缺失的乱象。首先，在组织结构的顶层设计上要遵循决策权、执行权、监督权三权分置原则，责权利匹配原则，分工协作、幅度控制原则；其次，在设置具体岗位的时候切忌"因人设岗、因岗设位、因权设职"，而应遵循"因责任来设定"的原则，在我的《组织才能管好人》一书中有详细阐述——如此才能让资源效率最大化，才能让企业的管理岗位发挥最大的管理职能。

前提条件二：部门职能要明确

部门职能设定是根据业务活动的相似性和协同性来设立管理部门的过程。当企业的组织架构图设计出来以后，PMC部、品质部、人力资源部、生产部、技术部、研发部、销售部等各个部门的职能是什么？每个部门的责权利分别是什么？对以上要有明确规定。比如，如果你是品质部的，那你的部门职能就是管控与督导产品品质、品质异常改善跟进等，明确了部门职能，才能给岗位职责一个明确而细致的方向，岗位职责肯定是设在部门职能范围内的，也可以说是部门职能的分解或细化。

前提条件三：流程制度要明确

很多企业正是因为流程不清晰、流程混乱，而试图通过岗位职能职责的明确来解决大家不愿意担责任的问题。因此，当我们确定好组织结构、部门职能后，就要进行流程制度的建设。流程制度的建设就是运作规则的明确，包括横向部门各个岗位之间的流程如何相互链接、相关的制度规定有哪些等。流程制度设定是不断优化和调整的过程，也是确立岗位职能职责必须经历的过程，先流程规范化而后再去理顺岗位职能职责。

如果企业没有做好以上三点就贸然制定所谓职能职责，那等到开会的时候就会发现大家还是在互相推诿，因为每个人都拿出自己的职能职责表，理直气壮地说这个不归我管、那个也不归我管；或者说，这是谁的工作内容，凭什么要我来干；等等。本来明确岗位职能职责，是用来分清责任、提高工作效率的，结果大家以职能职责为理由把自己撇得一干二净。

在粗放式管理状态下制定出来的岗位职能职责反而成为大家推诿扯皮的依据，它并不能很好地减少问题、分清责任，反而会导致推诿扯皮的现象更加严重。实际上，我们知道企业里许多责任是没有办法量化和分清的，尤其是年产值1亿元到10亿元的企业，就算美的、格力、海尔这样超大规模的企业都做不到完全明确每个员工的职能职责。

用一句话来总结，就是岗位职能职责是梳理出来的，而不是制定出来的。因为在你明确了组织结构、部门职能、流程制度以后，每个岗位的职能职责自然而然就梳理出来了。我们朗欧老师在企业做管理变革，基本上是到项目推进的下半年或者是第10个月左右的时候，才开始梳理企业的岗位职能职责。因为这个时候，企业的组织架构、部门职能和流程制度已经明确，岗位职能职责的梳理也就顺理成章了，只需要从流程制度规范中把每个岗位的职能职责一一罗列出来，再一一抽离出来，就是岗位的职能职责了，而且此时岗位职能职责才是可落地的、可分清责任的。

第二十三章
从"面子文化"到责任文化

很多企业的老板和高管跟我沟通的时候,都会讲到"责任文化打造"的问题。为什么落实责任会成为企业管理的一大问题呢?责任文化的"天敌"就是我们常说的"面子文化",在工作中你好我好大家好,出了问题好像都有责任,追究起来又貌似找不到主要责任人。在我们的传统文化里,儒释道三者,互为表里——"佛心道骨儒为表"。受传统文化的影响,乐善好施印刻在我们每个人的骨子里。但什么是对别人真正的好,需要我们深度思考。

许多老板和高管跟我讲到一个常见的现象,在企业开会的时候,现场总是很和谐,你恭维我一句,我恭维你一句,但并不是没有问题,而是大家在会上不好意思指出是某人的问题,毕竟开完会大家还是得天天待在一起,要是在会上矛头相向,会后就不好相处了。但散会以后呢?各个部门的负责人又都跟我讲这个问题是因为哪个人的工作没做好。这就是企业里的"面子文化"。

企业里面的人为什么讲"面子",我分析总结了以下三个原因。

拿公司或他人的利益给自己做面子

我们在管理活动中为什么给别人面子？这个问题被太多的企业老板问到，于是我也不得不去研究这个问题。经过仔细调研和分析，我发现99%以上爱讲面子的人，都是在出现问题时拿公司或他人的利益来给自己做面子。很多人认为，这是公司的事，我给一下面子是无所谓的，反正我不追究你的责任，我不去找你，老板也不知道，领导也不知情。而且我现在手下留情，也是为了给自己留条后路，等到哪天我有什么事落在你手里了，你也会给我留个面子，也不会上报。大概这也算是拿公司或他人的利益给自己留后路吧。

在团队协作的障碍里面，有一个要点就是惧怕冲突。大家喜欢讲面子的一个重要原因，就是很多人想着能避免一些冲突，而且是避免为公事冲突，只要能避免冲突，那就不会说出来。还有很重要的一点是，因为这些事情还没有真正触及自身或自己所在部门的利益，如果触及了肯定不会继续讲面子。

个人的权责利不够明确

如果企业里一个人的权力、责任和利益不够明确，当产生了损失，可以推脱责任，甚至可以不用负责任，他就会一直拿公司或他人的利益来给自己留面子。他自己的利益没有损失，同时能够在他人那里卖个人情，很少有人不愿意干这样的事情，这就是人性。你是改变不了人性的，做管理，就要认知人性，还要学会解读人心。

所以，要想从"面子文化"转向责任文化，需要在管理过程中，明确每位管理者的权责利，有多大的权力，就需要承担多大的责任，同时享受对等的利益。要让权力、责任和利益处于一种非稳定态，周期性地对业绩进行评价，时时根据业绩调整权责利，如此才能让每个岗位的权责利均衡处于一个稳定态。

粗放式管理现状

关于粗放式管理，我在《管理是蓝海》一书中做了详细的阐述。粗放式管理的主要特征就是管理者依靠感觉和经验做管理。没有数据，没有标准，工作流程自然也就不太清晰，导致组织的运行规则也不太明确；管理者在管理的过程中，必须依靠自己的"面子"才能让相关人员配合。就像大城市和小乡村的对比一样，在大城市大家表面看起来"无情"，实际上是靠公共服务和基础建设来打造"有情"；而在小乡村大家靠亲戚朋友、靠感情来维系关系，互相帮忙才能解决生活中的实际困难。企业在发展的过程中，一定要根据自己的发展阶段和发展规模，不断地调整管理方式，不断优化企业管理体系。

我们要重塑企业的"面子文化"，打造责任文化。要把将工作做好、相互协同、让公司有业绩、让个人有发展看成有面子，这才是真面子，而相互纵容、出了问题相互包庇这种假面子会害人害己。要摒弃靠感觉和经验做管理的传统习惯，明确权责利。学会用数据说话，才能事事有人干、人人有事干，责任才能落实。责任文化强调企业和员工在生产经营活动中所应承担的责任和义务，这不仅关乎企业的经济效益，更涉及企业的社会形象、可持续发展能力和员工的个人成长。

第二十四章
避免"孤岛式"流程的要诀

流程制度的关键在于执行,流程制度的价值在于落地;流程制度不能执行,就如镜花水月,流于形式;流程制度不能落地,就是形同虚设,华而不实。大部分企业虽然不缺流程制度,但基本存在两个核心问题:一是流程难以落地,二是"孤岛式"流程盛行。

为什么我们的流程制度难以落地执行?为什么"孤岛式"的流程越来越多?应该如何破解?"孤岛式"流程,是指流程制定以部门为中心,每个部门都从本部门的立场出发出台一系列的流程文件,但这些流程文件与其他部门的流程往往互不集成、互不共享,像一个个"孤岛",形成了严重的"部门墙",部门间沟通越来越不顺畅。尽管每个部门都有流程文件,但当遇到问题的时候,却只在自己部门内部循环,"部门墙"越来越高,就会出现各种各样的问题。很多企业老板、高管总是跟我抱怨每天都很忙,每天都要开很多会,其实就是因为部门之间运作不顺畅。部门与部门之间的问题太多了,解决不了就只能找老板、只能找高层领导来解决,再解决不了就要找董事长了。

为什么出现这么多"孤岛式"的流程

流程制度难以落地执行,"孤岛式"流程在企业司空见惯。为什么会这样呢?我列举了企业管理者阐述的五种主要观点。

管理者A:主要是因为在设置部门流程的时候,没有和与其相关的部门进行认真的研讨,部门与部门之间没有形成一致的流程,每个部门只是一味向相关部门提要求。

管理者B:其实可能和我们的执行力有很大的关系,因为流程在制定出来后的一段时间内,大家是一致认同的,但在执行的时候,有的人会在流程上找一些问题、找一些原因,然后就说执行不了。这实际上还是整个公司的执行力问题。你可以想想"企业是不是存在执行力"这个最大的问题。

管理者C:一是随着时间的推移,大家可能淡忘了;二是各个部门都在维护自己的利益。

管理者D:第一,人性使然,就是我们在设置一个流程或制定一个制度的时候,尤其是一个部门领导在确定流程的时候,更多的目的是利己,当然也没有伤害他人的想法;第二,在设置流程的时候,横向部门之间缺少有效的沟通,大家都是站在自己的职责边界上考虑自己部门的利益;第三,大家都习惯性地自我保护、推诿责任。

管理者E:制度是公司的一级文件,"孤岛"是部门和部门之间的二级、三级文件引起的。对于这些文件,大家既没有进行定期评审和管理评审,没有优化有用的制度,也没有淘汰没用的制度。

我结合企业管理者的观点以及朗欧团队在企业里的实战经验,总结了"孤岛式"流程形成的三个主要原因。

传统的金字塔式的管理结构

对于传统的金字塔式管理结构,其固有的层级制度不仅加剧了执行层面的复杂性,还不可避免地导致企业内部流程间的割裂,形成了所谓"孤岛式"运作流程。

(1) 什么是传统的金字塔式管理结构

传统的金字塔管理结构如图 24-1 所示,左边是大金字塔,右边是小金字塔。大金字塔由高层、中层、次中层、基层四部分组成,在企业里,这四层对应的就是整个公司的组织结构;小金字塔是由部门负责人、经理、主管、员工组成,这是传统的科层制的层级结构。企业的管理结构依据权力的大小、职能和职位进行分工和分层,制造型企业基本就是这样的组织和管理结构,也实际体现在企业的组织架构图上。这个结构在我们古代的社会管理体系中就存在了。在浙江武义博物馆里,我看到了《徐谓礼文书》,上面完整记录了南宋时期一个普通官员从基层到中层、从地方到中央,再从中央到地方的为官履历,其实基本上就是一个人的升职记录,可见,自古以来就有金字塔结构的社会管理体系。

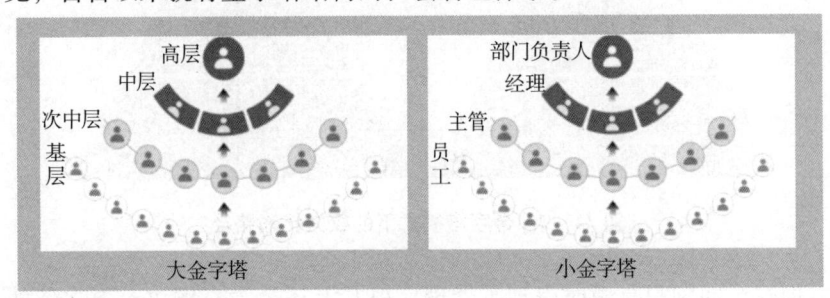

图 24-1 传统的金字塔式管理结构

(2) 金字塔模式下的权力传输

金字塔模式下的权力传输是执行难的重要原因。那么，金字塔模式下的权力传输是怎样的一个过程呢？以下举例说明。

这个例子有一个前提，就是这个企业的仓库隶属 PMC 部。如图 24-2 所示，当车间的领料员和仓库的发料员或仓管员在领发料问题上发生矛盾时，车间领料员能管理仓管员，或仓管员能管理车间领料员吗？仓管员肯定不会认同车间领料员的管理，因为领料员不是他的领导，他会说他属于 PMC 部管辖，还可能"威胁"车间领料员要对他客气一点，否则他就不发料，到时候出不了货，影响的是车间领料员。所以，无论哪一方出了问题，车间领料员都只能找车间主管反馈问题，车间主管再把问题反馈到生产经理这边，生产经理再去找 PMC 部经理，PMC 部经理再找物控主管，物控主管再找到仓管员，告诉他要马上把料给到车间领料员，不然车间停线就要追究他的责任。这个时候，看在领导的分儿上，仓管员肯定马上就把发料这个事办好了，如此这个问题才得以解决。

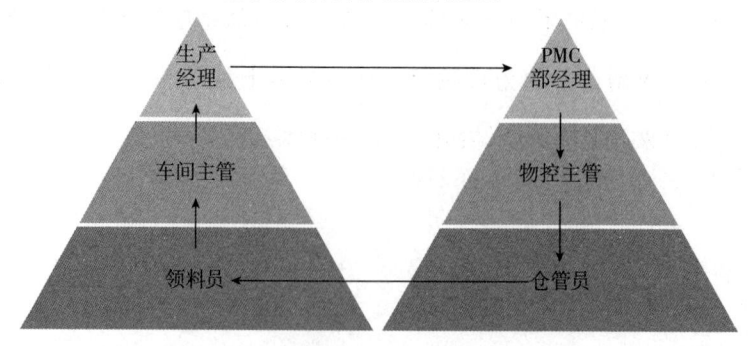

金字塔结构下的问题解决过程：

图 24-2　金字塔模式下的权力传输路径

但这个问题只是暂时得到了处理，根儿上还是没有解决，下次依然会出现这样的问题，而且可能长期重复发生。那么，新的问题来了，如果什么事都要靠领导说了算，那领导就得忙死、累死。想想，作为管理者，你每天的状态是不是就是这样的？下面的人把无数的事都归拢到你这里，你每天只能不停地做决策，其实就是因为这个金字塔的结构已经决定了权力的传输是往上走的。当然，不是说企业里一定会犯这种小错误，只是通过这个简单的事例说明企业问题的背后是权力传输路径问题。

从图24-2中我们可以看到，权力从生产部门小金字塔的塔基传到塔尖，再由生产部小金字塔的塔尖传递到PMC部小金字塔的塔尖，再从PMC部小金字塔的塔尖自上而下地传递到塔基。好多企业的部门负责人就是这么干活的，每天都有不同的下属反馈不同的诉求，每天都很忙，每天都要这么做决策，帮助协调。

（3）改变传统金字塔管理结构弊端的两个要点

有人提出，要学互联网公司把金字塔结构打散，然后三五个人组成一个小组，用阿米巴独立核算的模式来解决问题。这听起来是个很好的主意，但短时间是没有太大效果的。我在《组织才能管好人》一书中详细分析了企业各种组织结构的优势与劣势。那么，该如何改变这种现状呢？

第一，让流程链接岗位而不是部门。大部分企业在制定流程时，基于"本位主义"，总是在要求、规定"这个部门该做什么，那个部门该做什么"。然而，这种视角更多地触及了部门间职能与责任的界定范畴，而非流程优化的核心。真正有效的流程，应着眼于整体组织效能的提升，它链接的是岗位而不是部门。

一方面，我们设置流程的时候不要复杂化，简单才利于被执行。我们常说："大道至简。"管理做得好的企业，它所制定的规则是非常简单的。你只要把简单的事情千万次重复地做好，那就不简单，企业的管理自然而然地就会达到一个卓越的水平。管理并不是高大上的动作，而是植根于日

| 企业的定力：定战略　谋经营　强管理

常细微之处的无数个小动作的精准执行。有的企业过度追求规范性，设置很多条条框框，表面上企业整整齐齐，实际上不仅禁锢了企业的活力，还增加了管理成本。

另一方面，流程链接以岗位为中心才能避免"孤岛式"流程。定义流程有三个要素：资源输入、活动组合、价值输出。资源输入，肯定涉及多个部门，有 PMC 部、采购部、品质部、生产部等。如何对这些部门的业务活动进行组合？我们得靠计划员、物控员、采购员、领料员等这些"员"字辈的岗位把流程串起来，然会才会有具体的动作输出。

第二，确立横向制约规则。金字塔式的组织结构由来已久，短时间内无法打破，我们可以做的是在这种组织结构模式下，把人和事剥离开来看，人归人、事归事，也就是说要横向管事、纵向管人。

横向管事，是指企业业务流程往往是跨部门横向发生的，我们要赋予每个部门小金字塔层级下的员工管事的权力，也就是要赋予金字塔底端的"员"字辈员工横向制约的权力。纵向管人，是指我们在传统的金字塔管理结构下，当人出现问题的时候，采用的是自上而下的领导式管理。

仓管员和领料员是相互制约的关系，他们没有行政管辖权力，但在"领发料"具体事情上有相互制约的权力。如果其中一方做得不好，另一方是有制约的条件和权限的。比如，领料员虽然不能直接管仓管员，也不能领导他，但可以把相关的人和事的异常记录下来，甚至可以开问责单，如果仓管员不接受处罚，领料员可以向上级汇报，每上报一级，领导核实后，仓管员的责任就要翻倍。这就是横向制约机制，能够赋予"员"字辈的人管事的权力，这样就可以有效规避凡事找领导才能解决、找领导才能落实责任的现状。

第二十四章 避免"孤岛式"流程的要诀

岗位职能的叠加问题

很多企业的流程制度不能落地执行,还有一个不可忽视的原因,那就是岗位职能的叠加问题。

(1) 什么是岗位职能的叠加

岗位职能的叠加就是同一个问题存在多个责任主体。比如,车间的生产计划,生产部在排,PMC部也在排,老板也在指挥,业务部门也在插单,最后打乱了生产节奏,延误了交期。谁该为这个结果负责呢?有人说该业务部负责,因为业务员的随意插单影响了正常的生产计划;有人说该生产部负责,因为生产车间不按计划作业,随意挑单生产造成交期延误;也有人说该老板负责,老板的随意指挥打乱了生产节奏……类似于这样的问题很多,我把它称为职能叠加的问题。

通俗地说,职能的叠加就是同样一件事情、同样一项工作,张三可以说了算,李四也可以说了算,王总可以说了算,李总也可以说了算,结果是下面的人不知道应该听谁的,所以遇到问题就凭着自己的判断,认为找哪个领导有利于自己就找哪位领导。特别是有些企业,经理们和老总都在一个办公室,结果一进办公室,下属都很为难,也许在办公室门口他就已经在琢磨应该找谁了,想着找李总会不会得罪张总,找张总又会不会得罪李总。而如果责任归属、权力归属明确,就不会出现这种问题。比如这个事就是归李总管的,那下属找李总就行了,张总也不会有什么意见,怕就怕什么事情好像谁都能说了算的情况。

(2) 岗位职能叠加的两层含义

一是横向叠加,是指一人多岗、一职多人或一权多用。比如一个企业的审批流程往往经过多个人,张三要批一下,李四也要批一下,王五还要批一下。有一次,我在一个企业里看到一个班组长在报销一个 30 多元的便笺纸,结果要四个人签字,表面上看企业每一笔细微开支都得到了管控,但层层审批所造成的管理成本要远高于 30 多元。

管理需要一定的灰度,就是管理一定是有模糊性的,不要想着什么东西都要弄得清清楚楚、明明白白,有的时候我们只要抓住主要矛盾就行,否则别说下面的人受不了,就算你想管得这么清晰,也没有足够的精力和成本来支撑。矛盾和问题肯定是一直存在的,但我们要学会抓重点,学会综合考虑问题,从成本、效益、团队状态等方面进行系统的评估。

二是纵向叠加,是指岗位越来越多,容易犯"大企业病"。企业的规模越来越大,就往规范化管理的方向行进,同时所需的职能岗位也越来越多。在组织架构中,通常包含经理与副经理的职位设置。经理会招募一名助理以协助其日常管理工作,而副经理同样会配置一名助理。除非企业正处于高速扩张或转型的关键时期,亟须提前进行人才储备,否则,在常规运营状态下,设置过多的管理岗位并非必要之举。企业发展到一定阶段时,一定要进行管理上的升级和变革,否则不知不觉中团队就会失去创业期的激情和状态,机构变得臃肿,团队变得懒散,企业从此一步一步走下坡路。

(3) 如何解决岗位职能叠加的问题

怎么解决岗位职能叠加的问题呢?我提两个要点。

第一,四个一法则:一人一职一权一责。即同一件事,同一个人,同一份权力,同一份责任。这里的同一个人,我们可以理解成一个最小的责任单位。比如,以三个人为一组的,那这个小组也叫"一个人";小到一个工序,也可称为"一个人"。

第二十四章 避免"孤岛式"流程的要诀

前文谈机制设计的时候,我说到主体归位的原则。主体归位包括两个方面:一是责任主体,二是动作主体。很多情况下,责任主体和动作主体是统一的,即不管是谁去做这件事,只要没做好,就要承担责任,其实这就是一人一职一权一责。朗欧老师在制定流程规范的时候,要求每一个流程都要有一个主导人,流程规范赋予了主导人很大的权力,同时赋予了他很大的责任。

在做流程设计的时候,一定要看责任主体和动作主体有没有归位,要明确:谁?在什么时间?要干什么工作?干不成要怎么办?干成了又如何激励?这一过程远非表面上追求执行力那么简单,要求我们进行深层次的思考与规划。所谓"道",即正确的方向与路径,若在设计之初便偏离了"道",那么在后续的执行中,即便我们拥有再先进的工具或再严格的稽查机制,也难以确保流程的有效落地,所谓抓执行也很可能退化为低效的"人盯人式"管理。

第二,进行机制设计,注意利益的相关性。当公司的利益与员工的个人利益紧密相连、公司与员工形成高度一致的目标时,员工自然而然地会成为公司利益的守护者。当你把公司的利益跟员工链接上,员工就不太可能轻易牺牲公司的利益去换取一时的面子或人情,因为公司的利益受损了,他自己的利益也跟着受损。拿自己的利益去换取面子的情况很罕见,一般来说,这种牺牲只存在于极其亲密的关系中,如父母与子女、兄弟姐妹之间。然而,即便是在这种深厚的伦理情感纽带下,当涉及重大利益冲突时,也未必能完全保证双方都能做出无私的选择。

因此,在进行机制设计的时候就要考虑利益的相关性。比如,朗欧咨询老师在企业做关键数据的统计时,要求必须横向统计数据。在数据横向统计机制中,PMC部的订单准交率是由业务部门统计的,因为订单不准交，业务部门就没办法达成业绩，也就拿不到提成；生产部门的计划达成率也不是由生产部门自己说了算，而是由PMC部统计，因为每天排的计划，生产部门没有达成，订单就没办法准交，影响到了PMC部的绩效，业务部门就会找PMC部"算账"，因为回复的交期没有完成。如果没有利益相关性的制约，就算天天强调执行力，也是空谈，就算天天给员工打鸡血，也无济于事。

流程制度的制定问题

（1）制定流程制度时，容易犯的三个错误

在流程制度制定上，我们常常会犯以下三个错误。

第一，闭门造车。闭门造车，是指流程设计是在办公室里面"苦思冥想"而来的，没有经过调研、研讨，文件写出来后就找领导签字，再找老板签字。等签完字以后，这个文件就是一把"尚方宝剑"了，整个流程就像古时的钦差大臣拿着圣旨、挂着虎符、别着免死金牌一样。但依赖个人或少数人"闭门苦思"制定出来的流程制度，往往因为忽略了实际需求而难以落地。

第二，规范别人。规范别人，是指很多企业的流程制度大多是在规定其他部门和岗位应该为自己的部门和岗位提供什么帮助，而不是明确自己的部门和岗位能为他人做什么。这样一来，设置流程的出发点就变成了"规范别人"，但这个世界上最难的事莫过于"把你的思想变成他的行为"。

当每个部门都拿出自己的流程振振有词时，你就无法断定谁是责任人了。其实这就是问题所在，你只要仔细对比这些流程文件就会发现，10条规定里可能有8条在规定别的部门应该为自己做什么。比如，PMC部流程

里会规定生产部的计划达成率，规定他们每天在几点钟之前要把报表交过来、每天几点钟之前要跟下一个部门交接好、什么时间提报生产日报表、什么时候更新系统数据等。

第三，职能描述。职能描述是指流程文件缺乏动作主体、责任主体和时效性等因素，出现过多的概念性的词语。比如，在有的企业的流程文件里，出现的话术是这样的：第一时间去找品质部解决，尽快跟技术部进行协调……我看到这样的流程，就知道肯定是执行不了的。为什么这么说呢？当出现问题的时候，你去问他为什么没有及时处理，他说第一时间进行处理了，因为"第一时间"本身就没有一个明确的概念、没有具体的时效要求；问他协调了没有，他告诉你协调了，再问是怎么协调的，他告诉你一直在协调、一直在沟通；最后问是怎么沟通的，他告诉你从早讲到晚。你问了一圈后才发现这样问下去没有意义，虽然确实是在执行流程，但什么问题都解决不了。职能性的描述只能起到明确工作范围的作用，并不能很好地促进流程制度的落地执行。

（2）制定流程制度的四个要点

第一，调研、研讨、制定、会签四步走。制定流程制度的时候一定要严谨。首先要进行调研，"没有调查就没有发言权"，只有调研了，你才能够发现问题，才能针对问题去改变不合理的现状。流程中所有的规定都是针对问题设计的，没有问题就不需要流程，因为管理是要成本的。我们一定要调研清楚问题再做流程，而不是关着门，自己觉得哪里不顺心、哪里不舒服，就去做个流程。

问题调研出来了以后就要研讨，在研讨的时候，充分听取大家的意见。我发现很多管理者并不注重这一点，而是奉行经验主义，觉得自己对调研的问题很熟悉，没有必要浪费时间进行研讨。实际上，研讨的过程就是培训的过程，研讨是认知同频的手段和方法。研讨是必要的，它是要让你们站在对方的角度去思考问题，然后共同制定互相都认可的流程，只有这样的流程才能真正执行下去，不然随随便便做个流程出来，哪怕老板已经捺了手印，也可能落不了地。

我曾经在一个高管群抛出疑问："因为没完成目标，老板就这么骂你们，你们不伤心吗？"他们却说："没事，都习惯了。三天以后，老板就好了。反正就听听而已，其实老板心里也知道，他定的这个目标本来就做不到的。"这就说明，任何制度或目标的设立，都需要建立在团队上下认知一致的基础之上。在定流程、定目标之前，一定要让相关部门都参与其中，充分讨论。在研讨的时候，我们要充分考虑制度的合理性，这样才能在执行过程中树立权威。这是团队的互相尊重，也是一种培训，毕竟在这个过程中，团队间肯定会有新的火花碰撞，也会加深自己对研讨内容的思考，从而达到认知同频的状态。

研讨完以后才是制定流程制度。制定的时候，就要条分缕析地记录下来，可以以电子档的形式整理好，也建议以书面形式呈现，如以一本书的形式做最后的呈现。呈现出来以后还要会签，这是一个仪式感，也是一个确认保证。在企业里做流程制度，也是要签字的，关于这点，在机制上就要设计会签要求，会签就是认同，就是明确责任。

第二，以本部门、本岗位的工作内容为中心。流程规范要以本部门、本岗位的工作内容为中心，不要总是想着怎么规定其他部门的人要怎么做。一个能有效落地的流程制度，80%以上的内容应当规定自己所在的部门和岗位能够为其他部门和岗位做什么。比如，PMC部的工作流程里应当更多地规定计划物控人员如何为生产部和业务部提供服务，以及接单如何确认、交期如何回复、物料如何排查、什么时间给车间备料、如何快速帮

第二十四章 避免"孤岛式"流程的要诀

助车间协调处理好相关异常等。

第三，以问题和效率为中心，而不是以规范为中心。我们做流程、定制度，不是为了把人"框死"，也非单纯地追求形式上的整齐划一，不能为了规范而规范，否则就会陷入教条主义。流程建设要以问题和效率为中心，就是看它是否能解决问题，是否能提高效率。有的企业就有这样的不良现象。企业文件一大堆，但都没有执行，只是摆在橱窗里应付验厂。回溯至20世纪90年代至21世纪初的时候，在高速上总能看到这样一番景象：在厂房顶部架设醒目的铁架，其上赫然镌刻着"本公司已通过ISO 9000认证"的标语。在当时，这确实是一件非常荣耀的事，因为那个时候ISO 9000认证刚引入国内，客户觉得有这个认证就说明这个企业很规范，因此愿意找其合作。时过境迁，现在这些牌子都拆了，因为客户不需要通过看这个牌子来判定你企业的实力。现在他发现仅有这牌子不能说明什么，得派人到工厂、到车间、到现场看你的质量和效率。

第四，流程文件要具备六要素。六要素指的是标准、制约、责任、责任主体、工作时效和具体动作，一个流程文件里包括这六个要素才算是合格。首先要告诉员工怎么做，这是标准；其次要规定谁去检查；最后要强调没按流程要求执行的话要承担什么责任，可以理解为奖惩。为了解决"怎么做"这个问题，我们要对"六要素"中的标准做进一步细化，必须明确责任主体、工作时效、具体动作，即，谁？什么时间？执行何种动作？

流程建设的六要素缺一不可，朗欧老师在企业推进变革的过程中，所形成的流程文件叫《流程卡》，卡的是流程中的关键节点。如果你只写了标准而没有制约，没有检查人员，也没有责任人，就意味着这个流程很有可能落不了地。哪怕有人检查，也可能因为没有明确的责任而无法落地。

避免"孤岛式"流程，打破"部门墙"，让流程能够落地，需要从以上三个原因进行对照分析，并且针对每个原因制定相应的对策。避免"孤岛式"流程还需要从明确流程设计的初衷、规范标准化流程、加强跨部门协作与沟通、精简与优化流程、提升流程执行与监督以及利用信息技术手段等多方面入手。通过实施这些措施，可以打破部门间的壁垒，促进流程间的协同与共享，从而提高企业的整体运营效率和管理水平。

制造业是中国经济的基本盘，是强国之基、富国之源；企业管理则是兴国之道，是企业永恒不变的话题。作为一个管理研究者和为企业提供咨询服务的从业者，我真心希望有缘阅读到此书的朋友，能够通过仔细研读从书中得到启发，更加欢迎大家能够通过书中的联系方式，与我直接交流和探讨企业经营管理。

企业经营管理之道远非一本书、一堂课能言之。道阻且长，但心之所向，行必能至。让我们一起努力，在学习中进步，在实践中总结，在实战中验证。做好我们企业的同时，用东方智慧为中国本土管理思想、方法和工具的创新添砖加瓦，为中国制造助力、加油。